TELEPEN

ZOZ801 03

WITHDRAWN

KV-586-482

This book is due for return on or before the last date shown.

Was ist typisch für die Deutschen? Sind sie Autonarren, Sandburgenbauer und disziplinierte Fußballer? Wie steht es mit der deutschen Gemütlichkeit, mit der Naturbegeisterung, der Ordnungsliebe und dem deutschen Fleiß? Was ist dran an der Behauptung, die Deutschen hätten keinen Humor? Woher stammen die „deutschen Farben", und wie sieht der „deutsche Michel" aus? Sind drei Deutsche schon ein Verein? In diesem Buch kommt manch typisch Deutsches auf den Prüfstand. Realität und Vorurteil werden beleuchtet, Symbole und Symbolgestalten benannt, Herkunft und Wirkung von Pauschalurteilen befragt, die jüngsten Entwicklungen bis nach dem Mauerfall beschrieben.

Weicht die jüngere Generation nicht sowieso von den tradierten Mustern ab? Hat der umfassende Wertewandel nicht längst auch die Älteren berührt? Muß nicht von zwei Deutschlandbildern ausgegangen werden? Wie steht es mit den „fremden" Deutschen? Lösen die Globalisierungstendenzen die nationalen Konturen auf? Ist „typisch deutsch" ein Auslaufmodell?

Nur soviel sei vorab gesagt: In vielen Fällen erweist sich „typisch deutsch" als Vorurteil. Kritischer Überprüfung hält die Etikettierung nur selten stand. Hermann Bausinger zeigt, daß es sich trotzdem lohnt, darüber nachzudenken.

Hermann Bausinger lehrte bis zu seiner Emeritierung Empirische Kulturwissenschaft an der Universität Tübingen. Er veröffentlichte vor allem Arbeiten zur Landeskunde und zur deutschen Kulturgeschichte, bei C.H.Beck gab er heraus ‚Reisekultur. Von der Pilgerfahrt zum modernen Tourismus' (²1999, zusammen mit Klaus Beyrer und Gottfried Korff).

306.08 BAU
0943

Hermann Bausinger

Typisch deutsch

Wie deutsch sind die Deutschen?

REGENT'S COLLEGE
LONDON

REGENT'S
UNIVERSITY LONDON
WITHDRAWN

Verlag C.H. Beck

Die Deutsche Bibliothek – CIP-Einheitsaufnahme

Bausinger, Hermann:
Typisch deutsch : Wie deutsch sind die Deutschen? /
Hermann Bausinger. – Orig.-Ausg., – München : Beck,
2000
    (Beck'sche Reihe ; 1348)
    ISBN 3 406 42148 2

Originalausgabe
ISBN 3 406 42148 2

Umschlagentwurf und Umschlagabbildung: +malsy, Bremen
© C. H. Beck'sche Verlagsbuchhandlung (Oscar Beck), München 2000
Gesamtherstellung: C. H. Beck'sche Buchdruckerei, Nördlingen
Printed in Germany

Inhalt

IV. Typisch deutsch – ein Auslaufmodell?

V. Anhang

Vorwort

‚Typisch deutsch' – das ist ein Buchtitel, der zunächst einmal Skepsis auslöst. Das Wort „deutsch" steht im Personalausweis und bezeichnet die Staatsangehörigkeit, die man sich im allgemeinen nicht selbst ausgesucht hat. Aber gehört man damit auch zu einer ganz bestimmten Sorte von Menschen? Blickt man auf die Vielfalt der Regionen und der beruflichen Sparten, denkt man an die ganz unterschiedlichen Prägungen durch die soziale Stellung, das Geschlecht, die Generation, dann erscheint es ziemlich leichtsinnig, von *den* Deutschen zu reden und ihnen dann auch noch ganz bestimmte Eigenschaften zuzuordnen: „Die Deutschen sind …"

Aber seien wir ehrlich: Es ist ja doch nicht uninteressant, wie dieser Satz weitergeht. Was und wie sind sie denn, die Deutschen, die es eigentlich nicht gibt? Die Kategorisierung nach Nationalitäten scheint jedenfalls nicht ohne weiteres entbehrlich zu sein. Die Deutschen „entschlüpfen der Definition", stellte Friedrich Nietzsche fest; aber im selben Passus versucht er, sie zu definieren, und immer wieder sucht er dem deutschen Charakter auf die Spur zu kommen. Dabei beruft er sich auf andere große Geister, die ihrerseits dieses Charakterisierungsproblem umkreisen – weniger auf diejenigen, die nationalstolz verkündeten, was „wir Deutschen" alles zu leisten imstande sind, als auf diejenigen, die aus einer gewissen Distanz über „die Deutschen" urteilten.

Ihr Zugang ist allerdings trotzdem ein anderer als der von Fremden, für die verallgemeinernde Urteile über die Deutschen immer auch ein Leitseil sind, das ihnen in einem wenig bekannten Gelände Halt gibt. In beiden Fällen aber handelt es sich höchst selten um das Ergebnis vorsichtiger Analysen, meist sind es Klischees, Stereotypen, Vorurteile – unsichtbare Brillen, welche die Wirklichkeit einfärben und oft auch verzerren, an die man sich aber schnell gewöhnt. Wer glaubt, man könne erst einmal die Vorurteile beiseite schieben und dann die tatsächlichen Eigenschaften der Deutschen auflisten, erliegt mit dieser sauberen Trennung selbst einem Vorurteil. Die Bilder der Wirklichkeit werden grundsätzlich im Kopf zurechtgerückt und passieren dort das Geflecht der Vorurteile; und außerdem sind die Klischees ja nicht ganz zufällig – sie sind in einer bestimmten Konstellation von der Realität abgenommen worden und sind nicht zuletzt deshalb so widerstandsfähig, weil selten bestritten werden kann, daß noch immer ,etwas Richtiges dran' ist.

In der folgenden Darstellung wird deshalb nicht der Versuch unternommen, das deutsche Wesen von den Verunreinigungen durch falsche Einschätzungen zu reinigen, um es in seinem vollen Glanz zu präsentieren. Es geht um die konkreten deutschen Wesen, um Männer, Frauen und auch Kinder, und um die Frage, was sie gemeinsam haben – angeblich oder tatsächlich. Zunächst wird gezeigt, auf welche Weise Typisierungen zustande kommen und welche Funktion sie haben. Danach werden Leitvorstellungen über die Deutschen unter die Lupe genommen. Ihre Spur wird in die Vergangenheit verfolgt, ihr Realitätsgehalt an Beobachtungen und zum Teil auch an harten Daten aus der Gegenwart überprüft und ihre Reichweite diskutiert. Nach einem Überblick über die für Deutschland und die Deutschen repräsentativen Symbole und Symbolgestalten wird schließlich ausdrücklich gefragt, ob die Kategorie des „typisch Deutschen" angesichts der schnellen und tiefen Umbrüche unserer Zeit überhaupt noch plausibel ist.

Das Typische tritt nicht auf allen Gebieten gleich stark in Erscheinung; aber es versteht sich, daß sehr viele Lebensbereiche einzubeziehen waren und daß der Autor auf zahlreiche und vielfältige Untersuchungen und Schilderungen zurückgreifen mußte. Dies wird hier dankbar vermerkt, zumal es in dem knapp gehaltenen Literaturverzeichnis (das vor allem weiterer Orientierung dienen soll) nicht vollständig zum Ausdruck kommt. Auf einen aufwendigen Anmerkungsapparat wurde verzichtet; die direkt aus der Literatur übernommenen Befunde und Zitate sind aber markiert und mit Herkunftsangaben versehen.

Mein Dank gilt aber nicht nur den vielen, deren Beobachtungen und Überlegungen ich mit verwertet habe, sondern auch den Testleserinnen, den bei der Herstellung der Druckvorlage beteiligten Personen und dem Verlag, dessen Lektorin Karin Beth zu dem Buch ermuntert und die Niederschrift kritisch begleitet hat.

Tübingen, im Herbst 1999   *Hermann Bausinger*

I. Sinn und Unsinn der Typisierung

Freie Fahrt!

‚Typisch deutsch‘ wäre es vermutlich, diese kleine Studie mit den alten Germanen zu beginnen, mit den Minnesängern der Stauferzeit oder wenigstens mit Martin Luther. Von dieser geschichtlichen Dimension wird noch oft die Rede sein; aber ich möchte von Anfang an deutlich machen, daß sich das Problem nicht nur in der Vergangenheit verorten läßt. Nationale Eigenheiten – tatsächliche und nur unterstellte – bestimmen auch das Leben der Gegenwart, und selbst in den Bereichen fortgeschrittener Technik werden nicht nur globale Verhaltensmuster erzeugt, sondern entwickeln sich auch unterschiedliche Verhaltensweisen, die nicht selten mit einem nationalen Etikett versehen werden. Deshalb also: „Freie Fahrt“.

Unmittelbar nach seiner Wahl im Herbst 1998 verkündete der neue Bundeskanzler, er werde der Kanzler aller Deutschen sein. Das war alles andere als ungewöhnlich: Wer an die Spitze eines Gemeinwesens gewählt wird, tut gut daran zu betonen, daß er für alle da ist, also auch für diejenigen, die ihn nicht gewählt haben. Wenige Wochen später titelte eine große Tageszeitung: „Kanzler aller Autos“. Das war schon eher ungewöhnlich. Der Bundeskanzler hatte eines der großen Autowerke besucht und dort auch eine Rede gehalten. Ob er etwas sagte, das direkt zu jener Schlagzeile hinführte, ist nicht bekannt; aber schon die Tatsache seines Besuchs war ein demonstratives Signal – und zwar nicht nur für die in der Autoindustrie Beschäftigten, sondern für alle Deutschen. Die ökologischen Anstrengungen, von denen im Wahlprogramm die Rede war, sollten im Rahmen bleiben, sollten jedenfalls keinen Generalangriff begründen auf das Auto, der Deutschen liebstes Kind.

Wenn ausländische Korrespondenten über Deutschland schreiben, lassen sie sich ironische Seitenhiebe auf die deutschen Autonarren selten entgehen. Dabei geht es zum einen um die nahezu fetischistische Beziehung zum eigenen Wagen. Viele Deutsche, so heißt es, steigen morgens nicht in einen Volkswagen oder einen Audi, sie holen ihren „Max“ oder ihren „Happy“ oder ihren

„Schnucki" aus der Garage. Der individuellen Namengebung entspricht die individuelle Möblierung; die funktional-karge Innenausstattung wird mit allerhand Deckchen und Kissen verbrämt. Und am Wochenende investieren viele regelmäßig ein paar Stunden, um ihr Fahrzeug auf Hochglanz zu bringen – als „Lustwäscher" hat man sie bezeichnet. Viele – beileibe nicht alle. Aber ziemlich allgemein gilt, daß das Auto nicht einfach ein Gebrauchsgegenstand ist, sondern eine Kostbarkeit. Ein sicheres Indiz dafür: Die Stoßstange stößt nicht, sondern sie glänzt. Amerikaner, die beispielsweise beim Parken mit dem *bumper* Kontakt zum Vordermann suchen, sind nicht wenig erstaunt darüber, daß eine solche Berührung in Deutschland zu einem polizeilichen Protokoll und zu einer Haftungsklage führen kann.

Der zweite, wichtigere Angriffspunkt ist die Fahrweise der Deutschen. ‚The Washington Post' nahm zwei deutsche Lehnwörter in die Überschrift eines Artikels, der von „Leben und Tod auf der Überholspur" handelte: ‚*Angst on the Autobahn*'. Eine Reporterin wird darin mit der Pointe zitiert, in Deutschland sei das Wesen der Demokratie nicht *„free speech"*, sondern *„free speed"*. Daß die Versuche, Geschwindigkeitsbegrenzungen einzuführen, fast immer scheiterten, wird nicht nur mit dem Druck der Autoindustrie erklärt, sondern mit der allgemein vorherrschenden Mentalität: Die Deutschen betrachteten es als persönliche Niederlage, überholt zu werden, erklärt ein Verkehrspsychologe; und der Sprecher des größten, millionenstarken Automobilclubs bezeichnet die unbeschränkten Geschwindigkeiten als Kompensation für die vielen sonstigen Beschränkungen im alltäglichen Leben.

Der Gesandte der Britischen Botschaft kleidete seine einschlägigen Beobachtungen bei einer Bonner Rede in die folgende Passage:

In Deutschland bedeutet Freiheit das Recht, auf der Autobahn zu rasen. Im Grunde verblüfft es mich, daß die Raserei nicht als Grundrecht in der Verfassung verankert ist. Manche Deutsche scheinen, sobald sie im Auto sitzen, alle Maßstäbe der Zivilisation zu verlieren, die Deutschland sonst so liebenswert machen. Wir in England sehen es als ein unveräußerliches Grundrecht an, die Straße zu überqueren, wann wir wollen und wo wir wollen. Dies nun braucht man nur in Zusammenhang zu bringen mit der deutschen Rechtsauffassung und der Neigung, so schnell wie möglich zu fahren, und sofort sieht man, welche Probleme die europäische Integration mit sich bringen kann.

Das ist humorvoll zugespitzt, aber nicht so, daß man es als bloße Übertreibung beiseite wischen könnte. Und auch nicht als deutschenfeindliche Propaganda von außen. Kritische Beobachtungen deutscher Journalisten und Essayisten zum gleichen Thema klingen nicht wesentlich anders. Der Schlachtruf „Freie Fahrt für freie Bürger!" wird zitiert, der verschiedentlich in parteipolitische Stellungskämpfe geriet; hinzugefügt wird allerdings, daß die deutschen Autofahrer selbst ihr Tempolimit produzieren, indem sie verbissen alle auf der Überholspur fahren, wo sich die Geschwindigkeit auf niederem Niveau einpendelt und gelegentlich veritable Staus entstehen, für die es eigentlich keinen zwingenden Grund gibt.

Bert Brecht schilderte einmal einen vorbildlichen Fahrer:

Mehr als an seinem Weg ist er interessiert am gesamten Verkehr und fühlt sich nur als ein Teilchen davon. Er nimmt nicht seine Rechte wahr und tut sich nicht persönlich besonders hervor. Er fährt im Geist mit dem Wagen vor ihm und dem Wagen hinter ihm, mit einem ständigen Vergnügen an dem Vorwärtskommen aller Wägen und der Fußgänger dazu.

Was Brecht hier vorstellt, ist eine freundliche Utopie, entwickelt am Kontrastbild des tatsächlichen Automobilisten, der sich offenbar auch in jener autoarmen Zeit nicht durch übertriebene Rücksicht hervortat. Der Befund scheint eindeutig zu sein: Die Deutschen sind ein Volk von Autonarren, die keine Einschränkungen hinnehmen, die stur ihre Ziele ansteuern und die technischen Möglichkeiten ihrer Fahrzeuge hemmungslos ausreizen. Manchmal werden ihnen mildernde Umstände zugestanden; der englische Diplomat betont zum Beispiel, daß die Deutschen „im allgemeinen höflich, tolerant und rücksichtsvoll" seien, daß also die Verwandlung in ziemlich widerwärtige Monster nur im Auto zustande komme. Als Autofahrer aber scheinen die Deutschen eine ziemlich unangenehme Gattung zu sein.

Vor einigen Jahren war in einer angesehenen wissenschaftlichen Zeitschrift der USA ein Aufsatz über amerikanische und deutsche Fahrgewohnheiten abgedruckt. Auch hier wird „die motorisierte Anarchie im ganzen Land" in düsteren Farben geschildert. Von Aggressionen ist die Rede und vom Konkurrenzdenken, das auf den Straßen lebensbedrohliche Formen annehme, vom Überfahren der Ampel bei Rot und von anderen absichtlichen Gesetzesübertretungen, von der Mißachtung der Fußgänger und von rüden Beschimpfungen. Nur – all das bezieht der Verfasser auf Amerika. Deutschland – damals hieß das noch: Westdeutschland – ist für ihn lediglich die helle Kontrastfolie, von der sich das erbärmliche Bild amerikanischer Zustände abhebt. Im Gegensatz zu den Vereinigten Staaten seien die Verhältnisse auf den deutschen Straßen ausgeglichener und ruhiger geworden – ein objektiver Beobachter müsse einräumen, daß die deutschen Fahrer eine bessere Figur abgäben als die amerikanischen; sie seien geschickte, rücksichtsvolle Fahrer, und sie beachteten grundsätzlich die Vorschriften. Fußgängerüberwege, von vielen amerikanischen Fahrern als dumme Hindernisse betrachtet, seien in Deutschland wirkliche Sicherheitszonen – man könne in Deutschland versehentlich vom Bordstein herunter auf einen Zebrastreifen stolpern und sei doch ungefährdet.

Das liest sich nach den vorausgegangenen Charakterisierungen wie eine ironische Skizze, bei der die Übertreibungen deutlich machen, daß das Gegenteil gemeint ist. Aber der Verfasser meint es ernst, und zumindest die auf sein eigenes Land bezogenen Urteile unterbaut er mit den Ergebnissen einzelner wissenschaftlicher Testreihen und mit statistischem Zahlenmaterial. Er glaubt für sein ganzes Land sprechen zu können, räumt allerdings ein, daß er seine persönlichen Erfahrungen vor allem in seiner Heimat Neuengland und in New York gemacht hat, also in besonders dicht besiedelten und befahrenen Gebieten der Ostküste. Tatsächlich sind Pauschalurteile über andere – andere Individuen und Gruppen, aber auch andere Völker – nicht selten Kontrastbilder zum eigenen Erfahrungshintergrund. In diesem Fall kommt Deutschland gut weg, weil es in einigen Staaten der amerikanischen Ostküste offenbar noch schlimmer zugeht. Der Verdacht, daß alle Kritiker deutscher Fahrgewohnheiten aus Regionen mit dünnem Fahrzeugbesatz und entsprechend ruhigen Verkehrsverhältnissen kommen, bestätigt sich allerdings nicht. Aber jedenfalls empfiehlt es sich, das Problem nicht allein dem engagierten Feuilleton mit seinen subjektiven Zuspitzungen zu überlassen, sondern nach objektiven oder doch objektiveren Daten Ausschau zu halten.

Statistische Vergleiche innerhalb der Europäischen Gemeinschaft zeigen für Deutschland keine auffälligen Besonderheiten. Etwa drei Viertel aller Haushalte verfügen über mindestens einen

PKW; das ist nicht der Spitzenplatz, in Belgien, Frankreich und Italien nähert sich die Zahl achtzig Prozent. Einige Länder – wie Dänemark, die Niederlande, Portugal und Griechenland – liegen deutlich darunter. Rechnet man aber jeweils den Teil der Bevölkerung dazu, der bei besseren wirtschaftlichen Verhältnissen ein Auto kaufen würde, so landet man fast durchgängig bei einer Zahl um die achtzig Prozent. Lediglich in den Niederlanden sind es kaum mehr als sechzig Prozent, die entweder ein Auto besitzen oder gerne eins hätten. Die Zahl der Opfer von Verkehrsunfällen liegt in Deutschland ungefähr dreimal so hoch wie in den USA und doppelt so hoch wie in Frankreich. Aber auch das ist kein einsamer Ausreißer: In Belgien, Portugal und Österreich sind die Zahlen noch höher. Und bei den Verkehrstoten werden die Prozentwerte Frankreichs, Italiens, Österreichs unterboten; der deutsche Wert liegt unter dem europäischen Durchschnitt.

Also kaum Hinweise auf eine deutsche Sonderstellung. Die ergeben sich eher, wenn Meinungsumfragen unter Deutschen einbezogen werden. Noch immer ist eine Mehrheit generell gegen Geschwindigkeitsbeschränkungen. Auf die Frage, welche Assoziationen durch das Stichwort „Autobahn" ausgelöst werden, nehmen Antworten wie „schnelles Reisen", „Raserei", „Rücksichtslosigkeit", „Spaß am Fahren" obere Ränge ein. Als durchschnittliche Geschwindigkeit auf der Autobahn geben die Männer 140 Stundenkilometer, die Frauen 130 Stundenkilometer an – ganz sicher überzogene Angaben, die den Schluß zulassen, daß schnelles Fahren als prestigeträchtig angesehen wird. Immerhin dreißig Prozent der deutschen Bevölkerung sind der Auffassung, daß auf den Straßen rücksichtslos gefahren wird. Immerhin dreißig Prozent – aber könnte man nicht auch sagen: *nur* dreißig Prozent?

Eine optimistische, freilich auch etwas naive Interpretation solcher Zahlen könnte darauf hinauslaufen, daß die Vorstellung autosüchtiger, tempogeiler und sturer Deutscher mit der Realität kaum etwas zu tun hat, daß sie vielmehr zu einem boshaften Spiel gehört, das von außen angeheizt und dann auch im Innern von einigen in einem ungesunden Hang zur Selbstschädigung übernommen wird. Der richtige Umgang wäre dann, die stereotypen Bilder einem Subtraktionsverfahren auszusetzen, also alles, was in der Realität von den Bildern abweicht, abzuziehen – viel bleibt dann oft nicht mehr übrig.

Aber die Dinge liegen komplizierter. Das Gewicht und die Wirkung solcher Pauschalvorstellungen lassen sich nicht statistisch berechnen oder eingrenzen. Wenn gesagt wird, derartige Vorstellungen hätten meistens einen wahren Kern, dann heißt das ja nicht, daß zwei oder zehn oder auch dreißig Prozent der Bevölkerung der betreffenden Charakteristik genau entsprechen. Es wird vielmehr unterstellt, daß über das Pauschalurteil eine Möglichkeit anvisiert wird, der alle – in unserem Fall: alle Deutschen – ausgesetzt sind und die für sie eine besondere Anziehungskraft besitzt. Das ist etwas anderes als eine an der tatsächlichen Häufigkeit orientierte Bewertung.

Entscheidend ist dabei, daß solche Unterstellungen den Blick bestimmen können. Es sind keine Etiketten, die nachträglich irgendwelchen Beobachtungen und Erfahrungen aufgeklebt werden, sondern Steuerungselemente der Wahrnehmung selbst. Noch einmal die Autobahn. Das Motto heißt „Freie Fahrt!". Doch ein einziger Fahrer, der das Überholen im Kopf, aber nicht im Motor hat, blockiert die zweite Spur, und es bildet sich eine lange Kolonne. Das ist eine reale, belastende Auswirkung, die es beispielsweise für ausländische Verkehrsteilnehmer durchaus nahelegt, ein negatives Bild von *den* deutschen Fahrern zu entwickeln. Aber selbst wenn keine weitreichenden Folgen damit verbunden sind, wird das auffallende Verhalten einzelner oft schnell als nationale Eigenart interpretiert. Eine in vielen Fällen fragwürdige Interpretation – der man aber anscheinend nicht so leicht entgeht.

Von Krawatten und Sandburgen – was als typisch gilt

Auf Einladung der Humboldt-Stiftung kommen jedes Jahr ungefähr fünfhundert ausländische Akademikerinnen und Akademiker an deutsche Universitäten. Die männlichen Stipendiaten erhalten als Gastgeschenk eine Krawatte, und es ist üblich, daß diese bei gemeinsamen Treffen oder bei besonderen festlichen Anlässen getragen wird. Ein ungarischer Ethnologe schilderte, welche Probleme dieses Geschenk bei ihm auslöste. Zu Hause standen ihm fertig gebundene Krawatten zur Verfügung, so daß er es nicht gelernt hatte, eine Krawatte zu binden. Nach einigen vergeblichen

Versuchen bat er seinen deutschen Hausherrn, ihm mit der Humboldt-Krawatte zu helfen. Der schaffte den Knoten innerhalb weniger Sekunden – und dann fragte er: „Die anderen Ungarn, also die Ungarn im allgemeinen, können doch eine Krawatte binden, nicht wahr?" Der Ethnologe erwiderte schnell: „Doch, doch!", hatte aber den Verdacht, daß die Angelegenheit damit keineswegs abgeschlossen sei. Sein Hausherr, so überlegte er, werde wohl am Stammtisch verkünden, daß die Ungarn keine Krawatte binden können, und künftig werde diese Unterstellung all seinen Landsleuten anhaften.

Natürlich ist dies ein ironischer Bericht, an den der Ethnologe allerhand kritische Gedanken zum Problem des Nationalcharakters anschließt. Aber die kleine Geschichte sagt doch einiges darüber aus, wie es zu den landläufigen Typisierungen kommen kann. Von einem einzelnen oder von wenigen wird auf alle anderen geschlossen; es wird zu schnell, zu weitgehend und unkontrolliert verallgemeinert. Und solche Verallgemeinerungen liegen offenbar besonders nahe, wenn es sich um negative Feststellungen handelt. Diese Schlagseite zum Negativen läßt sich schon in ganz trivialen Kommunikationszusammenhängen beobachten. Die Wendung: „Das ist typisch …" läßt sich zwar auch auf einen Menschen anwenden, dessen übergroße Freundlichkeit wieder einmal in einer guten Tat zum Ausdruck kommt; aber sehr viel häufiger denunziert sie, übt sie Kritik an angeblichen oder tatsächlichen Charakterfehlern. Das mag damit zusammenhängen, daß wir für schlechte und fragwürdige Handlungen und Erscheinungen mit einem schärferen Sensorium ausgestattet sind als für gute; bereits die Sprache bietet für negative Klassifizierungen einen sehr viel reicheren Wortschatz an als für positive. Aber es scheint auch mit der Typisierung zusammenzuhängen: Wenn ein Mensch oder eine ganze Gruppe von Menschen ein für allemal charakterisiert und gewissermaßen mit einem Etikett versehen werden soll, dann bieten sich negative Charakteristika als besonders auffällig und eingängig an.

Diese Tendenz zum Negativen ist so ausgeprägt, daß selbst in der Wissenschaft *Stereotypen* oft als negative Zuschreibungen definiert werden. Der Begriff „Stereotyp" wurde von dem amerikanischen Publizisten Walter Lippmann übertragen aus dem Bereich der Drucktechnik; dort bezeichnete er eine Metallplatte mit dem Abguß eines gesetzten Textes, der so unverändert nachgedruckt und vervielfältigt werden konnte. In vergleichbarer Weise werden auch manche Meinungen und Urteile reproduziert: Stereotype (oder Stereotypen) sind unkritische Verallgemeinerungen, bei denen eine kritische Überprüfung nicht gefragt ist oder verhindert wird und die so resistent sind gegen Veränderungen. Es gibt durchaus auch positive Stereotypen, die sich beispielsweise die Tourismuswerbung zunutze macht; aber meist treten die negativen in den Vordergrund. Noch deutlicher ist dies, wenn der Begriff „Vorurteil" verwendet wird. Er stellt gewissermaßen eine Steigerung von Stereotyp dar. Während mit dem Begriff Stereotyp auch schrullige Harmlosigkeiten ins Auge gefaßt werden, sind Vorurteile oft Elemente von Feindbildern.

Wenn Typisierungen unversehens ins Negative abzuleiten drohen und manchmal fast automatisch feindseligen Haltungen zuarbeiten – sollte man dann nicht grundsätzlich darauf verzichten? Diese Empfehlung ist gut gemeint, aber naiv. Typisierung ist ein wichtiges Instrument der Erkenntnis, der Orientierung – und sie ist so fest in der Sprache angelegt, daß sie schon deshalb nicht vermeidbar ist. Jeder Benennung liegt eine Typisierung zugrunde; unsere Familiennamen z.B. sind vielfach dadurch entstanden, daß eine einzelne Eigenschaft – groß, rot, kurz, dick, wild – verabsolutiert und als Etikett verwendet wurde, das dann auch auf die Nachkommen dieses Menschen überging. Und jede Kollektivbezeichnung setzt Typisierung voraus und setzt Typisierung in Gang. Dies gilt für Erscheinungen unseres Umfeldes – *der* Wald umfaßt eine große Vielfalt von Bäumen und Sträuchern, und *das* Auto ist ein Sammelbegriff für ganz unterschiedliche Ausformungen. Es gilt aber auch für kleinere oder größere Menschengruppen – wenn von *den* Deutschen die Rede ist oder wenn etwas als deutsch bezeichnet wird, dann wird eine einzelne Bestimmungsgröße herausgehoben und werden andere vernachlässigt. Wir können mit einiger Anstrengung vielleicht vermeiden, daß wir etwas als typisch bezeichnen – als typisch deutsch, typisch weiblich, typisch CDU. Aber es ist ganz und gar unmöglich, die Kategorisierungen selbst zu vermeiden, und zwischen ,deutsch' und ,typisch deutsch' ist der Unterschied nicht allzu groß.

Urlauber, die in großen Ferienhotels schon vor dem Frühstück zum Swimmingpool eilen, um einen Liegestuhl zu erobern, werden fast weltweit als Deutsche identifiziert – ganz ohne Paß-kontrolle. Und in allen europäischen Ländern, die mit schönen Stränden gesegnet sind, liest man in den Sommermonaten: „Die Deutschen bauen wieder ihre Sandburgen." Diese Feststellung besagt nichts anderes als: Das Sandburgenbauen ist typisch deutsch. Das ist, auf den ersten Blick, eine denkbar harmlose Feststellung. Aber sie hat einen kritischen, manchmal aggressiven Unterton. Die Grabungsarbeiten deutscher Urlauber werden ja nur deshalb registriert, weil die anderen, die Einheimischen vor allem, in der Regel keine Sandburgen bauen. Die Abweichung von der eigenen Norm erregt die Aufmerksamkeit. Diese Abweichung könnte auch als liebenswerte Marotte verstanden werden; aber was einem selbst fremd ist, rückt leicht in die Perspektive des Verdächtigen und löst weitergehende Assoziationen und Interpretationen aus. In den Anfängen des Nachkriegstourismus lag der Akzent dabei auf *Burg*; die Strandaktivitäten wurden manchmal geradezu als Reflex des militärischen Stellungskriegs gedeutet. Daran denkt jetzt kaum mehr jemand; aber die Burgen werden als Besitznahme und als Zeichen der Abschließung gegen alle anderen verstanden – wahrscheinlich nicht ganz zu Unrecht. Und der oft recht mühsame, manchmal täglich erneuerte Arbeitsvorgang ist für die einheimischen Nachbarn, die sich ohne aufwendige Vorbereitung der Ruhe überlassen, ein Indiz dafür, daß die Deutschen Workaholics sind, die immer strebend sich bemühen müssen – selbst in ihren Ferien.

Diese Interpretationen werden im allgemeinen nicht ausgesprochen, aber sie sind in der Typisierung, im Stereotyp enthalten. Und sie scheinen zu legitimieren, daß die Burgenbauer als Vertreter ihrer Nation genommen werden, daß ihre schweißtreibende Tätigkeit als typisch deutsch verstanden und auch bezeichnet wird. Statistisch gesehen handelt es sich bei den Sandburgenspezialisten um eine ziemlich kleine Gruppe: Nicht alle Deutschen – aber immerhin rund drei Viertel – fahren in den Urlaub; nicht alle – aber immerhin rund ein Viertel der Urlauber – landen an einer Küste; nicht jede Küste hat einen Sandstrand zu bieten; und nicht alle Deutschen am Sandstrand holen gleich einen Spaten aus dem Gepäck. Wenn gesagt wird, das Bauen von Sandburgen sei typisch deutsch, dann heißt das nicht: Alle Deutschen machen das. Eher ist gemeint: Diese Tätigkeit verweist auf Eigenheiten, die als für alle Deutschen charakteristisch gelten – sei es nun die militärische Orientierung, die Besetzer- und Besitzermentalität oder die hektische Arbeitswut.

Der Ausgangspunkt aber ist die Kontrasterfahrung. Empirische Sandstranderhebungen sind mir nicht bekannt (und es gibt sicherlich Forschungsgebiete, die *noch* wichtiger sind), aber ich könnte mir vorstellen, daß Schweizer teilweise ebenso anfällig für Buddeleien und Revierabgrenzungen sind wie die Deutschen. Wenn das zutrifft, dann ist kaum zu erwarten, daß sie auf die entsprechende Tätigkeit deutscher Urlauber den Kommentar münzen, das sei typisch deutsch. Allgemeiner gesprochen: Handlungen und Haltungen, Eigenschaften und Eigenheiten, die man von sich selbst kennt oder die einem doch aus dem eigenen kulturellen Umkreis vertraut sind, fallen einem bei anderen weniger auf – sie erscheinen normal und nicht typisch. Ein Sozialpsychologe aus den USA berichtete dazu von einem aufschlußreichen Vorfall. In einem Wohnheim lebte er mit Angehörigen verschiedener Nationen zusammen. Eines Tages sagte ihm ein brasilianischer Kollege, daß während seiner Abwesenheit nach ihm gefragt worden sei. Er bat den Kollegen um eine Beschreibung des Besuchers, die aber keine klaren Hinweise brachte, und schließlich fragte er ihn, ob es ein Weißer oder ein Schwarzer gewesen sei. Der Brasilianer antwortete, das wisse er nicht – zur größten Überraschung des Nordamerikaners, für den dieser Gegensatz zentral war, während er für den Brasilianer keine wichtige Unterscheidung darstellte, so daß er auch nicht darauf geachtet hatte.

Als typisch definiert man im allgemeinen Besonderheiten, die von dem abweichen, was man selbst als normal betrachtet. Schon deshalb sind an der Gültigkeit von Aussagen über das Typische Abstriche zu machen. Zwar steckt in dieser Relativierung auch die Chance größerer Reichhaltigkeit: Von verschiedenen Seiten her treten jeweils andere Facetten in den Vordergrund. Doch lassen sich die verschiedenartigen Bilder nicht zu einem ‚richtigen‘ Gesamtbild addieren oder integrieren; es sind immer nur Annäherungen, Konstruktionen einer komplexen und nicht präzise faßbaren Realität.

Autoraser und Sandburgenbauer ... Läßt sich die Frage nach der Typik nicht doch etwas entschiedener aus dem Dunstkreis von Stammtischdebatten entfernen? Schließlich gibt es hochentwickelte Instrumente der Statistik, mit denen die verwirrend bunte Realität in eine übersichtliche Ordnung gebracht werden kann. Aber läßt sich messen und berechnen, was typisch ist? Statistische Zählungen und Umfragen sind eher dazu angetan, Typisierungen als falsche Verallgemeinerungen zu entlarven, indem sie nachweisen, wie verschieden die Befunde bei verschiedenen Teilen der Bevölkerung sind. Allerdings werden in vielen Statistiken die Durchschnittswerte berechnet, und diese Durchschnittsangaben fungieren manchmal als eine Art Typusersatz. Aber die Durchschnittswerte, die auf den ersten Blick die Wirklichkeit genau zu erfassen scheinen, sind eine ziemlich fiktive Größe. Die erwachsenen Deutschen sind im Durchschnitt 1,73 Meter groß. Aber niemand käme wohl auf die Idee zu sagen, eine Körpergröße von 1,73 Metern sei typisch deutsch. Die Durchschnittsangabe blendet nicht nur alle Abweichungen – von den Zwergwüchsigen bis zu den Basketballriesen – aus; sie verschleiert auch den Größenunterschied zwischen Frauen und Männern, der durchschnittlich etwa zehn Zentimeter beträgt. Statistische Durchschnittswerte sind gefragt, weil die Abweichungen von Gruppen oder Individuen daran gemessen und damit eingeordnet werden können – und sie liefern Material für ironische Feuilletons, in denen die durchschnittliche Deutsche mit ihren 1,15 Kindern, ihrer Schuhgröße 38,9 und ihrem täglichen Fernsehkonsum von 192 Minuten vorgestellt wird.

Derartige Angaben sind keineswegs nichtssagend, und sie sollen in den folgenden Kapiteln nicht vernachlässigt werden – aber sie führen nicht geradlinig auf das Typische zu. Bedeutsamer sind hier statistische Befunde, die nicht nur Mittelwerte zwischen einer weitgespannten Skala von Möglichkeiten anvisieren, sondern die für eine relativ große Mehrheit gelten. Das durchschnittliche Alter bei der ersten Eheschließung beträgt in Deutschland für Männer knapp dreißig, für Frauen etwas mehr als 26 Jahre. Natürlich gibt es auch hier drastisch abweichende Konstellationen; aber weitaus die meisten bewegen sich bei ihrer Heirat in einem verhältnismäßig schmalen Rahmen um diese Durchschnittswerte. Wiederum aber liegt es durchaus nicht nahe, dies als typisch deutsch zu bezeichnen. Das hängt vor allem damit zusammen, daß sich die in Deutschland gängige Konstellation von der anderer Länder kaum unterscheidet. Eine umfangreiche Statistik der Europäischen Union zeigt, daß die Werte in allen Ländern der Union erstaunlich ähnlich sind; die Angaben des durchschnittlichen Heiratsalters weichen nur um bis zu zwei Jahren von den deutschen ab. Das gleiche gilt für die großen Industriestaaten wie die USA oder Japan. Das Typische aber erscheint meist nur im Kontrast – wenn der Vertreter eines orientalischen Landes, in dem die Menschen unter zwanzig heiraten oder verheiratet werden, nach Deutschland kommt, dann wird er möglicherweise die in seinen Augen späte Heirat als typisch deutsch klassifizieren.

Das Typische läßt sich nicht durch genaue Zählungen oder Messungen ermitteln; es ist in erster Linie eine *Zuschreibung*. Typisch deutsch ist zunächst einmal, was Nichtdeutsche für typisch deutsch halten, und für sie handelt es sich vor allem um ein Kontrastprogramm. Eine Südamerikanerin reist durch Deutschland. Was registriert sie? „Niemand singt einfach so in der Öffentlichkeit wie bei uns in Santiago." Überraschende Besuche ohne Voranmeldung verstoßen gegen die Konvention. In der Straßenbahn sehen die Menschen so aus, „als seien sie gerade durch eine Prüfung gefallen". Und überall stehen Verkehrsschilder. Die Beobachtungen addieren sich zum Bild eines Menschenschlags, der reglementiert ist durch Kontrolle und Selbstkontrolle, und dieses Bild ist typisch deutsch – für die Chilenin, die aus ihrer Heimat spontanes Verhalten gewohnt ist. Da sie sich der deutschen Kultur aus einer relativ großen Distanz nähert, vereinheitlicht sich für sie das Bild; einem Franzosen oder einem Dänen fiele es wahrscheinlich schneller auf, daß nicht alle Deutschen so sind und daß ihre Haltungen und Einstellungen sehr stark von der jeweiligen Lebenssituation abhängig sind.

Das Allensbacher Demoskopische Institut, dem wir die meisten Meinungsenqueten verdanken, fragte vor mehr als einem Jahrzehnt über tausend Franzosen und ebenso viele Briten nach den für Deutsche typischen Eigenschaften. Die Meinungen gingen nicht sehr weit auseinander – mit zwei auffälligen Ausnahmen.

Die erste: Von den Franzosen ordneten 53 Prozent den Deutschen das Stichwort „fleißig" zu, von den Briten dagegen nur 17 Prozent. Der Unterschied wird geringfügig dadurch relativiert, daß die Briten mit der Zuordnung der Eigenschaften insgesamt zurückhaltender, vorsichtiger waren; aber es bleibt dabei, daß den Franzosen deutscher Fleiß sehr viel stärker ins Auge sprang als den Briten – was sicherlich ebensoviel über den Stellenwert von Fleiß bei Franzosen und Briten wie über den bei Deutschen aussagt. Der zweite deutliche Gegensatz: Während nur 13 Prozent der Franzosen die Eigenschaft „arrogant" und nur 7 Prozent die Bezeichnung „Angeber" auf die Deutschen münzten, lagen die Zuordnungen bei den Briten mit 38 bzw. 21 Prozent sehr viel höher. Eine Entscheidung darüber, ob die Deutschen in nennenswertem Umfang und Grad arrogante Angeber sind, läßt sich mit Hilfe dieser Einschätzungen sicher nicht treffen. Dagegen provozieren die Zahlenangaben die Frage, wie es sich mit den betreffenden Eigenschaften bei Franzosen und Briten verhält. Allgemeiner gesprochen: Statistische Angaben, die aufgrund ihrer Präzision wie Antworten und Lösungen aussehen, werfen in Wirklichkeit Fragen auf, verlangen Erklärung und Interpretation.

Auch wenn streng wissenschaftlich nach Einschätzungen und Typisierungen gefragt wird, muß in Rechnung gestellt werden, von wem und aus welchem kulturellen Umfeld die Antworten kommen. Manche Untersuchungen beschränken sich von vornherein auf die Befragung von Angehörigen einer einzigen, klar definierten Gruppe. Das ist eine plausible Einschränkung, weil sie vor dem Versuch schützt, aus dem Ergebnis der Befragung einen objektiven und allgemeinen Befund abzulesen. So wurden in einer methodisch genauen Erhebung Mitglieder von vier großen US-amerikanischen Universitäten nach ihrer Einschätzung verschiedener Nationalitätengruppen gefragt, und damit konnte bis auf die Stelle hinter dem Komma berechnet werden, wieviel Prozent der Befragten eine Eigenschaft jeweils den verschiedenen Nationalitäten zuordneten. Auch in diesem Fall gilt freilich, daß dieses quantitative Ergebnis für sich genommen überhaupt nicht aussagekräftig ist; und es gilt weiter, daß auch die interpretierende Analyse zu keinen besonders eindeutigen Feststellungen kommen kann.

Für die Deutschen – im Visier waren damals nur die Westdeutschen – wurden für die folgenden Zuordnungen die höchsten Prozentzahlen registriert: „intelligent", „wettbewerbsorientiert", „fleißig", „effizient", „familienorientiert". Daraus scheint sich zu ergeben, daß die amerikanischen Studierenden die Deutschen vor allem für wirtschaftlich erfolgreich halten, ihnen aber auch eine gewisse emotionale Grundierung (*familienorientiert*!) zubilligen. Aber selbst dieses etwas dürftige Ergebnis wird noch mehrfach relativiert: Alle Angaben über die Deutschen schwanken nur geringfügig um einen Mittelwert von knapp 60 Prozent, so daß die Spitzenwerte gar nicht besonders hervortreten. Sie werden außerdem von den entsprechenden Prozentzahlen für andere Nationalitätengruppen vielfach übertroffen; hinsichtlich unterstellter Intelligenz rangieren zum Beispiel nur die Italiener unter den Deutschen, die sie aber beim Stichwort „familienorientiert" bei weitem übertreffen. Schließlich: die den Befragten hingeworfenen Stichwörter sind teilweise, auf ganze Völker bezogen, ziemlich unsinnig (selbst große Optimisten werden nicht behaupten, *die* Deutschen seien intelligent), und sie zwängen die Urteile in Denkschablonen, die im freien Nachdenken über die Menschen anderer Nationen möglicherweise gar keine Rolle spielen.

Gibt es eine Chance, zwischen solchen methodisch strengen und genauen, aber aussageschwachen Analysen und den ausdrucksstarken, aber zufälligen Einzelberichten wie dem jener Chilenin zu vermitteln? Der Mittelweg wäre, solche Berichte nicht nur von einer oder einem einzelnen, sondern aus einer ganzen Gruppe von Menschen hervorzulocken und sie dann vergleichend zu interpretieren; allerdings darf man sich auch davon keine umwerfenden Ergebnisse erhoffen. Immerhin erbringen zum Beispiel die kleinen Essays über die Deutschen, die von ausländischen Studierenden fast regelmäßig im Unterricht ‚Deutsch als Fremdsprache' verlangt werden, reichhaltige und häufig übereinstimmende Beobachtungen, und selbst dort, wo sie nicht übereinstimmen, geben sie Einblicke in die gedanklichen Operationen und die Wahrnehmungsperspektiven, die auf Typisches zielen.

In einer kleinen Tübinger Studie wurden rund fünfzig ausländische Studierende in freien Interviews gebeten, ihre Eindrücke von den Deutschen zu schildern. Je ein Drittel kam aus Griechenland, Japan und den Vereinigten Staaten von Amerika; Männer und

Frauen waren in jeweils gleicher Zahl vertreten. Damit waren verschiedene Blickweisen garantiert, und am Anfang des Experiments spielte die Erwartung mit, die unterschiedlichen Perspektiven könnten sich in ein Gesamtbild integrieren lassen, dem man dann mit einigem Recht den Titel ‚Typisch deutsch‘ geben dürfe. In der Tat kristallisierten sich einige Dominanten heraus; aber im ganzen verrieten die Bemerkungen sehr viel mehr über die Denkweise und den kulturellen Hintergrund der Interviewten als über tragende Elemente eines deutschen Nationalcharakters.

Eine Amerikanerin (hier sollte freilich hinzugefügt werden: eine von der amerikanischen Westküste kommende Studentin) sagte: „In Amerika sieht man oft händchenhaltende Paare. *We show more affection.* Ich glaube nicht, daß die Deutschen kälter sind, aber sie zeigen ihre Gefühle nicht so." Die Gruppe der Griechen meinte, Körperkontakte geschähen bei den Deutschen „nur der Form nach", seien aber nicht Ausdruck von Empfindungen. Japanerinnen und Japaner schließlich kritisierten, daß viele Paare und Partner „auf der Straße Hand in Hand gehen", sie fänden das „moralisch nicht schön". Mit einer Mischung aus Distanz und Bewunderung stellten die griechischen Gewährsleute fest, daß die Deutschen immer arbeiten wollten, daß sie sich „entwertet fühlen", wenn sie nicht arbeiten können, und daß sie selbst im – sorgfältig geplanten – Urlaub früh aufstehen, um auf alle Fälle etwas zu tun. Die japanischen Gesprächspartner registrierten dagegen quasi kopfschüttelnd, daß Deutsche (deutsche Studierende nämlich) in den Sommermonaten schon morgens untätig auf einer Wiese lagern.

Auch Institutionen wurden unterschiedlich bewertet. Griechinnen waren entsetzt über die vielen Altersheime, in die man „die Eltern steckt, wenn man sie nicht mehr brauchen kann". US-Amerikaner dagegen betonten die Qualität deutscher Altersheime; und die Japanerinnen und Japaner meinten zwar, man sollte mehr Rücksicht auf alte Leute nehmen, beobachteten aber die bei ihnen erst langsam aufkommende Institution der Altenheime mit großem Interesse und nicht ohne Sympathie.

All das sind nicht nur widersprüchliche Aussagen, sondern auch Hinweise darauf, wie solche Stellungnahmen zustande kommen und was die Aufmerksamkeit und die Kritik provoziert. Das Modell sieht so aus, daß die Werte, Normen und Formen der eigenen Kultur als normal, ja gewissermaßen als natürlich gesetzt werden, weil sie eingefahren sind als die festen Engramme alltagskultureller Orientierung, und daß vor diesem Hintergrund das Anomale, das Abweichende, Ungewöhnliche registriert wird. Die Äußerungen über die deutsche Kultur verraten also sehr viel über die fremden Kulturen, und erst eine sorgfältige und detaillierte Interpretation der Fremdeinschätzungen kann eine Annäherung an die wirkliche Typik bringen.

Die vielleicht wichtigste Erkenntnis aus diesen Interviews, war der Einblick in die *Funktion* von Typisierungen. Natürlich waren sich die ausländischen Studierenden darüber klar, daß ihre Kontakte und ihre Beobachtungsmöglichkeiten sehr begrenzt waren und daß sie deshalb nur wenige Ausschnitte der deutschen Wirklichkeit kennengelernt hatten. Trotzdem wehrten sie sich kaum gegen das Ansinnen, etwas über *die* Deutschen zu sagen. Die nationale Etikettierung wurde nämlich nicht erst durch die Befragung an sie herangetragen, sondern war von Beginn der Fremdbegegnungen an eine wichtige Perspektive für sie. Die Kategorie „deutsch" half ihnen, das Ungewohnte auf einen Nenner zu bringen. Die Typisierung ist ein Moment der Entlastung – sie vermittelt das Gefühl, man habe das Fremde verstanden, obwohl man ihm in vielen Fällen nur einen Namen verpaßt hat.

Man kann fast von einer Beschwörungsfunktion sprechen: Das in Wirklichkeit höchst komplizierte und schwer durchschaubare Fremde wird in ein überschaubares Muster gebannt, das als erklärendes Ordnungsschema dient. Wer in ein fremdes Land kommt, sucht mehr oder weniger automatisch nach festen Charakteristika und ist zunächst schnell bereit, von Einzelbeobachtungen aufs Ganze hochzurechnen. Das gilt auch im sprachlichen Bereich. Ein indischer Germanistikstudent schrieb: „Die Deutschen haben eine gute Beobachtungsgabe, das beweist ihre Sprache. Zum Beispiel ist ein Brot im Deutschen belegt, ein Klo aber ist besetzt." Er registrierte also mit Befriedigung die Präzision der Sprache, die einen sicheren Halt gibt – zu geben scheint. Denn später dürfte er gelernt haben, daß man ein Seminar ganz unhorizontal „belegt" und daß junge Leute ein Haus „besetzen", indem sie dort große Matratzenlager einrichten.

An der erwähnten Tübinger Untersuchung war ein Japaner beteiligt, der zur Vorbereitung auf seinen Deutschlandaufenthalt fast die ganze Bibel studiert hatte – in der Erwartung, sich damit ein festes Leitseil durch die fremde Kultur anzueignen. Er verkannte bei dieser aufwendigen Arbeit nicht nur die Vielschichtigkeit und Widersprüchlichkeit der biblischen Überlieferung, sondern überschätzte auch die Bedeutung des Christlichen für die heutige deutsche Gesellschaft – jedenfalls wurde ihm schnell klar, daß sich diese Gesellschaft nicht auf einen einzigen Nenner bringen läßt. Mit den weniger umfassenden Stereotypen verhält es sich anders. Hier handelt es sich vielfach um Vereinfachungen, die sich nicht ohne weiteres widerlegen lassen, weil sie die Beobachtung steuern, die Wahrnehmung mitbestimmen. Vorurteile werden manchmal als Urteile und Wertungen definiert, die nicht auf eigener Erfahrung beruhen. Das ist eine irreführende Definition, denn Vorurteile sind auch Filter der Erfahrung; sie stellen die Kategorien bereit, in die Erfahrungen vielfach gerinnen. Und sie sind Mittel der Abgrenzung, welche die Besonderheit und meist auch den Wert der eigenen Kultur absichern: *Typisierung als Kontrastprogramm.*

Die deutschen Tugenden

Vorstellungen von dem, was typisch deutsch ist, gehören aber nicht nur zur Grundausstattung ausländischer Gäste – es gibt auch kollektive *Selbst*bilder. Sie drängen sich allerdings weniger auf. In der Einleitung zu seinen ‚Studien über die Deutschen‘ beschreibt Norbert Elias die Schwierigkeiten solcher Selbsterkenntnis:

Es ist von vornherein leichter, Gemeinsamkeiten des nationalen Habitus im Falle anderer Völker zu erkennen als im Falle des eigenen. Im Verkehr mit Italienern oder Engländern werden Deutsche oft recht schnell gewahr, daß das, was ihnen zunächst als Verschiedenheit des persönlichen Charakters erscheinen mag, Unterschiede des Nationalcharakters in sich birgt. Das war, werden sie sagen, typisch italienisch, typisch englisch. Anders verhält es sich bei dem Volk, zu dem man selbst gehört. Um die Besonderheiten des eigenen nationalen Habitus wahrzunehmen, bedarf es einer spezifischen Anstrengung der Selbstdistanzierung.

Elias besaß die Fähigkeit zu solcher Distanz in besonderem Maße; sein politisches Schicksal hatte den jüdischen Soziologen für Jahrzehnte aus Deutschland entfernt, hatte ihm aber zugleich den

Willen eingepflanzt, sich über das Volk der Deutschen, aus dem er ausgestoßen war, Klarheit zu verschaffen. In seinem Werk geht er die Frage immer wieder an. Es versteht sich, daß er sich um ein differenziertes, aus der Geschichte abgeleitetes Deutschenbild bemühte, daß er also nicht etwa billigen Klischees zuarbeitete.

Wo es lediglich um pauschale Kennzeichnungen geht, ist die Voraussetzung eher *Distanzlosigkeit*, die von Zweifeln ungetrübte Überzeugung, daß die Deutschen sich unter allen Völkern durch besondere Vorzüge auszeichnen. *Die* Deutschen – *wir* Deutschen: Es geht um die Aufwertung des Eigenen gegenüber dem Fremden, um eine Selbstcharakteristik, die gleichzeitig Bekenntnis ist. Die ausgeprägten nationalistischen Epochen der deutschen Geschichte bieten eine Fülle von Belegen für diese positiven Selbstbilder, die Elemente politischer Formierung waren. Man hat, entschuldigend vielfach, darauf hingewiesen, daß der Hang zu einer übertreibend-heroisierenden Selbstdarstellung der Deutschen möglicherweise damit zusammenhängt, daß sie erst sehr spät zu einer einheitlichen Nation zusammenfanden. Diese Erklärung ist nicht von der Hand zu weisen; die euphorischen Selbstbilder sind ja nicht zuletzt Appelle, Entwürfe in die Zukunft, erzieherisches Vorbild. Das gilt bereits für Friedrich Ludwig Jahns Buch ‚Deutsches Volksthum‘, in dem er die „Deutschheit" zwar an historischen Beispielen entwickelt, sie aber in einer künftigen deutschen Nation verwirklicht sehen möchte. Es gilt ebenso für die martialischen Selbststilisierungen im Kaiserreich, und es gilt für die bombastische Feier alles Deutschen im Nationalsozialismus. Auch hier wurden Appelle und Erziehungsmaximen in die Form pathetischer Tatsachenfeststellungen gefaßt: „Deutsche Jungen *sind* zäh wie Leder, flink wie Windhunde, hart wie Kruppstahl."

Es muß weder betont noch erklärt werden, daß solch pauschalen Heroisierungen nicht mehr im Schwange sind. Vorsichtiger formuliert: Sie fehlen im offiziellen Diskurs; selbst in Wahlreden oder bei feierlichen Anlässen ist das nationale Pathos sehr gebremst – und wenn sich Essays oder Glossen ‚den Deutschen‘ widmen, dann nehmen sie im allgemeinen die lautstarke Bierseligkeit deutscher Touristen oder andere Unarten aufs Korn, jedenfalls ist kein übertriebenes Selbstlob zu erwarten. Das schließt aber nicht aus, daß es unterhalb dieser Diskursebene noch Vorstellungen von *den* Deutschen gibt, die ziemlich unkritisch und von Selbstzweifeln kaum angekränkelt sind. Daß es einen National-charakter gibt und daß man als Deutscher auf sein Land so stolz sein kann wie ein Amerikaner, Engländer oder Franzose auf das seine, meinen vier von fünf Deutschen; und es wird bei Befragun-gen auch bereitwillig aufgezählt, worauf man in Deutschland stolz sein kann: auf die Industrie im allgemeinen und den Auto-bau im besonderen, auf Fortschritt und Leistung, auf Ordnung und Fleiß. Es gibt also offenbar ein größeres Potential an nationa-lem Selbstbewußtsein, als dies die distanzierten Äußerungen über die Deutschen erwarten lassen, eine Unterströmung, die nicht zu unterschätzen ist.

Bei manchen Gelegenheiten drängt sich nach oben, was sonst in Proklamationen und seriösen Debatten eher gemieden wird. Sportliche Wettkämpfe, vor allem Mannschaftswettkämpfe, rük-ken Leistungen schnell ins Licht nationaler Qualitäten. Wenn nicht von der deutschen Mannschaft die Rede ist, sondern von Deutschland, dann ist dies nicht nur die vereinfachende Etikettie-rung, wie sie auch von den Organisatoren internationaler Sport-ereignisse verwendet wird, sondern es ist Ausdruck dessen, daß die Mannschaft Deutschland repräsentiert – die bloße Herkunfts-bezeichnung wird zu einer symbolischen Größe. Bei der Fuß-ballweltmeisterschaft im Jahre 1998 lag Deutschland in einer wichtigen Vorentscheidung gegen Jugoslawien mit einem Tor zu-rück, verstärkte aber den Druck gegen Ende und kam in einem Kampf auf Biegen und Brechen schließlich noch zu zwei Toren und damit zum Sieg. Die internationale Sportpresse kommentierte den energischen Umschwung mit Schlagzeilen wie „So etwas schafft nur Deutschland" und mit Respekt vor der „Moral" der deutschen Mannschaft, allerdings nicht ohne kritischen Unterton, weil in der entscheidenden Phase verbissene Erfolgsorientierung über lebendigen Spielwitz gesiegt hatte. Aber auch von deutscher Seite wurde das gewonnene Spiel gewissermaßen national codiert; es wurde weniger einzelnen Spielern gutgeschrieben als der Mann-schaftsmoral, ja den „deutschen Tugenden".

Es wird sich kaum rekonstruieren lassen, wer zuerst mit diesem Slogan operierte. Jedenfalls sprachen sowohl der deutsche Bun-destrainer wie der Spielführer der deutschen Mannschaft von den deutschen Tugenden, und in Dutzenden von Berichten, in gesprochenen und gedruckten Kommentaren tauchte die Wendung ebenfalls auf. Teilweise blieben die deutschen Tugenden ein nicht näher bestimmter Sammelbegriff; teilweise war erläuternd von Kampfgeist, Ausdauer, Ordnung, Disziplin und Härte die Rede – in einem der Berichte hieß es sogar, die deutschen Tugenden hätten gesiegt, Deutschland habe nämlich mit der „Brechstange" das Spielgeschehen im letzten Moment umgedreht.

Die Brechstange als Tugendinstrument: diese seltsame Kombination mußte spöttische Reaktionen auslösen, und ganz allgemein wurde die Wendung von den deutschen Tugenden und ihre Auflistung zum Ziel ironischer Attacken. Teilweise bewegte sich die Kritik im Horizont des Sports. Sie konstatierte, daß ein antiquiertes Spielsystem, das Improvisation weitgehend ausschließe, jedenfalls nicht sehr zuschauerfreundlich sei, und sie meldete Zweifel an, ob es auf längere Sicht erfolgreich sein könne. Die längere Sicht war ziemlich kurz: Zehn Tage nach dem Erfolg über Jugoslawien erhielt die deutsche Mannschaft mit ihrer hölzernen Spielweise von Kroatien eine deutliche Abfuhr und schied aus dem Wettbewerb aus. Damit schien die Kritik bestätigt, und immer mehr stimmten in den Chor der Kritiker ein – wohl auch deshalb, weil die Medien das Thema am Kochen hielten. Prominente wurden interviewt – Walter Jens vermißte am deutschen Spiel „Esprit und Eleganz", Hellmuth Karasek setzte Solidität und Langeweile gleich, und Elfriede Jelinek riet den rackernden Deutschen, mehr auf „geniale Schlamperei" zu setzen: „Chaos und Spielfreude täten gut, nicht nur dieses träge Holzhacken."

Aber – genug der Sportberichterstattung! – es ging dabei nicht nur um Fußball. Die Kritiker bestritten ja keineswegs, daß Kraft, Ordnung, Disziplin beherrschende Größen der deutschen Spielweise waren; in die Kategorie „typisch deutsch" ordneten auch sie diese Orientierungen ein. Aber sie bestritten, daß es sich dabei uneingeschränkt um *Tugenden* handle, und sie bezogen dies nicht nur auf den Sport. In einer politischen Kontroverse war einige Jahre vorher die Bemerkung gefallen, mit den Prinzipien von Ordnung und Disziplin könne man auch das Funktionieren von Konzentrationslagern gewährleisten – ungefähr in diese Richtung zielten auch die durch die Fußballkontroverse provozierten Äußerungen. Die skeptischen Attacken gegen die „deutschen Tugenden" waren so zahlreich und teilweise auch so scharf, daß ein deutscher Soziologe seinerseits hämisch resümierte, nicht die Ordnung sei die dominierende deutsche Tugend, sondern die *Kritik*.

Gewissermaßen als Gegenkritik lassen sich die Ergebnisse von Befragungen verstehen, die unter dem Eindruck jener Diskussion geplant und durchgeführt wurden. Schon wenige Tage nach den Kontroversen über die deutschen Tugenden lancierte ein Meinungsforschungsinstitut eine Pressemeldung über eine repräsentative Umfrage, in der Auskunft darüber erbeten wurde, was typisch deutsch sei. Die Spitzenposition nahm dabei der Begriff „Zuverlässigkeit" ein, gefolgt von „Fleiß", „Perfektion", „Ordnung" und „Pünktlichkeit"; erst dann kamen mit den Begriffen „Passivität" und „Umständlichkeit" Eigenschaften ins Spiel, die überwiegend negativ klassifiziert sind. Diese Liste stimmte im ganzen mit der Rangfolge bei früheren Umfragen überein. Sie bestätigte also den Befund, daß viele Deutsche sich durchaus ein Bild davon machen, was typisch deutsch ist, während eine relativ schmale Schicht der Intelligenz schon die Fragestellung anzweifelt und jedenfalls nicht frisch-fröhlich Tugendbegriffe aneinanderreiht.

Vielfach wird in solchen Zusammenhängen von „Meinungsführern" gesprochen; aber die krassen Meinungsunterschiede zeigen, daß auch im Medien- und Informationszeitalter Meinungen nicht immer weitergegeben werden können. In unserem Fall gibt es ganz offensichtlich einen massiven, emotional abgepolsterten Meinungsbestand, der von der Kritik entweder gar nicht berührt oder jedenfalls nicht nachhaltig verändert wird.

Mit dem Begriff „Intelligenz" ist in diesem Zusammenhang freilich nicht nur eine nobelpreisverdächtige Elite anvisiert; gemeint sind all jene, die über derartige Fragen reflektieren und die sich in aufgeweckter und kritischer Haltung damit auseinandersetzen. In Berlin wurde – im Rahmen eines Seminars an der Humboldt-Universität – überwiegend unter Studierenden eine kleine Umfrage gemacht, die ebenfalls die Frage nach dem typisch Deutschen in den Mittelpunkt rückte. Die sehr direkte Frage „Bist Du typisch deutsch?" oder „Hältst Du Dich für typisch deutsch?" wurde dabei praktisch in allen Fällen zurückgewiesen oder verneint. Und die Frage „Was ist für Dich typisch deutsch?" ging zwar keineswegs ins Leere, löste aber eher Unbehagen aus und wurde im allgemeinen erst beantwortet, nachdem die Problematik diskutiert und klargestellt war, daß kein Wiederkäuen geläufiger Stereotypen erwartet wurde.

Vermutlich handelte es sich dabei nicht nur um die verbreitete und verständliche Abneigung gegen den Versuch, den Leuten ganz persönliche Meinungen zu entlocken, sondern um eine spezifischere Verweigerungshaltung. Sie entspricht dem, was immer wieder von internationalen Schulen, Colleges, Kursen oder Lagern berichtet wird: Die Teilnehmerinnen und Teilnehmer planen ein großes Fest und beschließen, daß dabei alle vertretenen Nationen etwas für sie Charakteristisches zur Aufführung bringen sollen. Fast alle sind mit Begeisterung dabei, aber die Deutschen tun sich schwer mit der Vorbereitung. Sie haben, im Gegensatz zu vielen anderen, keine nationale Flagge dabei, sie haben kein Nationalkostüm im Gepäck, und es bieten sich auch nicht ohne weiteres Tänze und Lieder an, die von ihnen selbst und von den anderen als typisch deutsch akzeptiert würden.

Ein wichtiger Grund für diese Verlegenheit liegt auf der Hand: Ältere nationale Traditionen haben sich nach der Indienstnahme und den Verbiegungen durch den Nationalsozialismus nicht wieder erholt, neuere konnten vor diesem Hintergrund eines militanten und expansiven Nationalismus kaum entstehen. Selbst wer die Meinung vertritt, diese Hypothek sei inzwischen abgetragen, kann nicht über einen unverdächtigen Vorrat an Zeichen und kulturellen Gütern verfügen, denen das Impressum des Nationalen eingeschrieben ist. Friedrich Nietzsche betrachtete es als Kennzeichen der Deutschen, „daß bei ihnen die Frage ‚Was ist deutsch?‘ niemals ausstirbt“. Das mag immer noch zutreffen – auch dieses kleine Buch ist ja ein Beleg dafür. Aber bezogen auf die jüngere Vergangenheit und die Gegenwart könnte man pointierend fast das Gegenteil behaupten: Typisch deutsch ist es, der Frage nach dem typisch Deutschen auszuweichen.

Das Gewicht der Regionen

Das Dilemma ist deutlich – aber wie entgeht man ihm? Beim Jahresfest eines internationalen Colleges in Wales suchten die wenigen Deutschen lange nach einem repräsentativen Zeichen deutscher Kultur; schließlich besorgten sie sich Dirndlkleider und kurze Lederhosen und studierten eine Art Schuhplattler ein. Die Darbietung war alles andere als perfekt; aber sie wurde voll akzeptiert vom Publikum, das aus den anderen, aus allen Himmelsrichtungen kommenden Akteuren bestand. Ihnen galt das Vorgeführte als deutsch; es entsprach einem gängigen Klischee. Wie sich deutsche Reisende in Japan mit seidenen Kimonos eindecken, so bringen japanische Touristen von ihren Deutschlandreisen Dirndlkleider und Lederhosen oder wenigstens die entsprechend ausgestatteten Trachtenpüppchen mit; und in Amerika gelten Erscheinungsformen der bayerischen Volkskultur erst recht als typisch deutsch: Ein fescher junger Mann mit Lederhose, Trachtenjanker, Gamsbart am Hut und Maßkrug in der Hand ziert die Werbeplakate in Reisebüros, und selbst fern an der Westküste wurde mir als Spezialität – unter dem mühsam artikulierten deutschen Namen – „Oktoberfestwurst" angeboten. Als *Heterostereotyp*, als vereinfachte Typisierung von außen, funktioniert also die Inszenierung: Bayern für Deutschland.

Als *Autostereotyp*, als vereinheitlichtes Selbstbild, ist die Stilisierung aufs Bayerische dagegen nur sehr bedingt geeignet. Denkbar, wenn auch nicht allzu wahrscheinlich ist es, daß Bayerinnen und Bayern ihren Aufzug als vollgültige nationale Repräsentation empfinden; die anderen bedienen sich der alpinen Aufmachung vielleicht als einer frei verfügbaren Mode oder als einer theatralischen Maskerade, aber die innere Distanz ist unverkennbar. Ein Hamburger, ein Pommer, ein Kölner, ein Sachse, ein Schwabe – sie alle kämen kaum auf die Idee, sich mit den Bayern zu identifizieren. Der sehr starken Fußballmannschaft von ‚Bayern München' tönt in fremden Stadien bei den Schlachtgesängen der Zuschauer regelmäßig die Drohung entgegen: „Zieht den Bayern die Lederhosen aus!" Das ist eine Untermalung des sportlichen Wettstreits, aber auch der Ausdruck regionaler Abgrenzung und regionalen Selbstbewußtseins.

Gerade dieses Beispiel lautstarker Auseinandersetzung ist freilich ein Warnsignal, die regionale Prägung als eine ganz exklusive deutsche Besonderheit zu überschätzen. Bei sportlichen Ereignissen formieren sich auch in anderen Ländern die Anhänger unter regionalen oder ‚lokalpatriotischen' Aspekten, und auch jenseits solcher direkter Konfrontationen gibt es in allen Nationen – den Minitypus Luxemburg oder Liechtenstein vielleicht ausgenom-

men – regionale Unterschiede, die tief in den Lebensstil hinein-
wirken. Bei der Beurteilung von Äußerungen aus den USA macht
es einen großen Unterschied, ob sie von der Westküste oder der
Ostküste kommen, und bei näherem Zusehen lassen sich darüber
hinaus beträchtliche Unterschiede zwischen den einzelnen Staaten
erkennen. Italien ist nur in der Schlager- und Tourismuswelt eine
Einheit; tatsächlich besteht beispielsweise zwischen der Lombar-
dei im Norden und Kalabrien im Süden ein Unterschied, wie er
kaum größer sein kann, und auch in Frankreich unterscheidet sich
der Menschenschlag im industriellen Norden weitgehend von
dem südlicher Regionen.

Trotzdem erscheint die These gerechtfertigt, daß in Deutschland die regionale Differenzierung eine besonders wichtige Rolle
spielt. Das lebendige Bewußtsein regionaler Unterschiede, das die
Suche nach dem typisch Deutschen erschwert, *ist* typisch deutsch.
Die Erklärung dieses Sachverhalts fordert eigentlich einen recht
ausführlichen Kursus in deutscher Geschichte; doch sollen wenige
Hinweise genügen. Es versteht sich, daß die begrenzten Verkehrs-
und Kommunikationsmöglichkeiten früherer Jahrhunderte nicht
leicht ein Gefühl weiträumiger Zusammengehörigkeit entstehen
ließen. In der politischen Formierung aber war das deutsche Kaiserreich des Mittelalters weiter fortgeschritten als andere europäische Gebiete, und zumindest im Bereich des Handels und in den
aufkommenden Städten gab es deutliche Ansätze einer nationalen
Orientierung. Aber die Gegenmacht des Papsttums und in Verbindung damit die stärker werdende Stellung der Landesfürsten
bewirkten einen raschen Verfall der Zentralgewalt; es kam zur
‚Territorialisierung‘, zur Entstehung unabhängiger kleiner Herr-
schaftsgebiete, deren Grenzen und Zuständigkeiten sich zwar
durch Kriege, durch Kauf und Verkauf, durch Heiraten und
Erbschaften immer wieder veränderten, die aber die politische
Struktur praktisch bis zur Zeit Napoleons bestimmten. Das Reich
spielte in dieser Struktur keine zentrale Rolle, was sich schon in
der geographischen Verteilung der Instanzen ausdrückte: Der Sitz
der habsburgischen Kaiser war Wien, der des Reichstags Regensburg, und das Reichskammergericht war in Wetzlar.

Man darf sich die Territorien nicht einfach wie Miniaturausga-
ben moderner Staatsgebilde vorstellen. Manche Gebiete waren
zwischen mehreren Herrschaften aufgeteilt, und die Grenzen wa-

ren vielfach durchlässig. Aber sie steckten doch den Rahmen ab für den Verkehr der Bürger untereinander, sie waren maßgebend für die Reichweite von Gesetzen und Erlassen, und sie entschieden über die politische Beteiligung der Bewohner. Und mit der Reformation wuchs den Territorialherren das Recht zu, die Konfession aller Untertanen zu bestimmen: *Cuius regio, eius religio*. Dadurch entstand in den Herrschaftsgebieten eine relativ einheitliche kulturelle Prägung. Nimmt man dazu, daß bestimmte Rechte – wie das zur Eheschließung, zum Betreiben eines Gewerbes, zur Unterstützung bei Armut – nur innerhalb der Herrschaftsgrenzen zu erwerben waren, dann wird klar, daß die Territorien für die Menschen die entscheidenden Erfahrungsräume waren und daß sie sich mit diesen kleinen Räumen stärker identifizierten als mit dem immer abstrakter werdenden Reich.

Außerdem schob sich zwischen die Kleinterritorien und das Reich eine weitere Ordnungskategorie: Großlandschaften und sogenannte Stämme, deren Namen teilweise an die germanische Landnahmezeit erinnerten, vor allem aber aus der Bezeichnung der mittelalterlichen Herzogtümer abgeleitet waren. Schon im 15. Jahrhundert waren Gedichte in Umlauf, die in holprigen Versen verschiedene Gegenden und ihre Bewohner charakterisieren:

> Preußen und Sachsen trinken zu.
> An der see mit fischen wenig ruh,
> Und in Westphal göttlich gericht.
> Am Rhein schön frauen, als man spricht,
> In Meissen teutsche sprach gar gut,
> In Franken manches edle blut (…).
> Elsasser schelten, fluchen und schwören,
> Die Schwaben überflüssig zehren (…).

Das ist keine konsequente, flächendeckende Einteilung; aber die Verse zeigen das Bedürfnis der Menschen, sich von einzelnen Bevölkerungsgruppen ein Bild zu machen. Ein denkbar grobes Bild: die Charakteristika sind nicht auf einer Ebene anzusiedeln – was im übrigen mit unserem Alltagsverhalten in diesem Punkt übereinstimmt; auch wir charakterisieren den einen als dick oder rothaarig, den zweiten als laut, den dritten als hilfsbereit.

Die Tradition solcher Stammescharakteristik ist deshalb wichtig, weil um 1800 die kleinen Territorien von den größeren geschluckt wurden und die entstehenden größeren Staatsverbände in ihren Namen und auch in ihrer Erstreckung teilweise die Stammesein- teilung aufnahmen und fortführten. Deckungsgleichheit war nicht gegeben; das Königreich Bayern schloß beispielsweise ein größe- res fränkisches und ein kleineres schwäbisches Gebiet ein. Aber die Neuordnung der Landkarte legte doch das Denken in Stam- meskategorien nahe. Die neu entstandenen Länder beanspruchten die Loyalität der Untertanen, auch wenn der Gedanke der natio- nalen Einigung mehr und mehr mit dem „Kleinigkeitssinn" kon- kurrierte. So bezeichnete Jahn die Folgen der „hergebrachten Zertheilungen"; er sprach vom „Staatskrebs" und geißelte „die kindische Landsmannschaftssucht, welche die Vaterlandsliebe in der Geburt erstickt". Diese Einschätzung war nur teilweise rich- tig. Im Bürgertum entwickelte sich eine Art doppelter Loyalität – gegenüber den bestehenden Ländern *und* gegenüber der Idee ei- nes einheitlichen deutschen Reichs, die 1871 verwirklicht wurde.

Das Denken in regionalen Bezügen und vor allem in Stammes- kategorien überdauerte auch die Reichsgründung von 1871, und es hat bis in die Gegenwart herein nur wenig von seiner Bedeu- tung eingebüßt. Dafür sind mehrere Gründe anzuführen. Die Einteilung blieb in groben Zügen bestehen – das Deutsche Reich war ebenso wie die Weimarer Republik ein Bundesstaat, in dem ein starkes Gewicht bei den einzelnen Ländern verblieb. Die Einteilung nach Stämmen entsprach außerdem der organischen Vorstellung von Volk; die Verfassung von Weimar spricht aus- drücklich von dem in Stämme gegliederten Volk, und die natio- nalsozialistische Regierung nahm den Gedanken auf in ihre Kon- struktion deutscher ‚Gaue'. Diese Vorstellung vom Volksorganis- mus ist inzwischen überholt; aber auch die Bundesrepublik Deutschland setzt sich aus Ländern zusammen, die teilweise mit Stammestraditionen in Verbindung gebracht werden – in ihren Namen, aber auch in ihren kulturellen Äußerungsformen, vor al- lem in den verschiedenen Dialekten.

Die Wanderungsbewegungen durch Flucht und Vertreibung und ganz allgemein die Mobilität der Menschen haben dazu ge- führt, daß sich die Bevölkerung in den Ländern und auch in den kleineren Regionen innerhalb der Länder nicht mehr einheitlich zusammensetzt. Während man früher in Südwestdeutschland selbst in der offiziellen Statistik von evangelischen oder katholischen Pfarrdörfern sprach, sind solche Kennzeichnungen heute nicht mehr üblich und auch nicht mehr möglich. Aber andererseits bilden kleinere Regionen und die Länder auch für die Zugewanderten Orientierungseinheiten, und in vielem passen sich diese – spätestens in der zweiten Generation – an die Einheimischen an. So bleiben regionale, stammliche oder landespolitisch eingefärbte Bindungen eine Größe, die vielfach wichtiger genommen wird als die nationale Zugehörigkeit.

II. Nationale Eigenheiten auf dem Prüfstand

Nationalspeisen – Anmerkungen zum Essen und Trinken

Wer in Deutschland reist und sich nicht nur in den neutralisierten Zonen internationaler Hotelketten bewegt, wird früher oder später mit „Nationalgerichten" oder „Nationalspeisen" konfrontiert. Diese Begriffe können auf einer Speisekarte stehen, und es kommt auch vor, daß ein Einheimischer – vielleicht der Kellner – auf diese besondere Qualität des Angebots hinweist. Was aber bedeuten die Ausdrücke „Nationalspeise" oder „Nationalgericht"? Da der Begriff der Nation sich heute in aller Regel auf die selbständigen Staaten bezieht, geht die Erwartung zunächst in die Richtung einer *deutschen* Nationalspeise. Aber das ist genau die verkehrte Richtung. Als Nationalgerichte werden regionale und vielfach sogar lokale Besonderheiten des Speisezettels bezeichnet. Manchmal zeigt schon der Name an, daß es sich dabei um ein nicht allgemein verbreitetes Essen handelt oder zumindest um eine eigentümliche Variante. Münsterländisches „Töttchen" (ein habhaftes Ragout aus Kalbskopffleisch) oder westfälisches „Blindhuhn" (ein Eintopfgericht aus Speck, Kartoffeln, Zwiebeln, grünen Bohnen, Möhren, Äpfeln und Birnen) – das sind Namen, die man in anderen Regionen nicht kennt, und auch die so bezeichneten Speisen sind in ihrer ganz spezifischen Zusammensetzung und Würze anderswo nicht bekannt.

Daß von Nationalspeisen gesprochen wird, darf sicherlich nicht überinterpretiert werden. Es ist nicht so, daß die Menschen, die diesen Begriff gebrauchen, beispielsweise das Münsterland oder Westfalen für eine Nation halten. Es handelt sich um einen eher spielerisch verwendeten Ausdruck. Aber er hat doch wohl einen ernsteren Hintergrund: Er schließt die kollektive Erinnerung ein an die Zeiten, in denen die deutsche Nation nur als Idee existierte, die politische Landkarte aber in eine Vielzahl kleiner und kleinster Staaten untergliedert war. Der Hinweis auf die Besonderheiten der Küche ist nicht nur die nüchterne Feststellung, daß es eben regionale Differenzierungen im Speiseangebot gibt; er ist oft durchaus mit einer Art ‚Nationalstolz' verknüpft – wobei es sich in Wirklichkeit um Regionalstolz handelt, um das Bekenntnis der

Zugehörigkeit zu einer bestimmten Landschaft, einem bestimmten Menschenschlag, einer bestimmten geschichtlichen Prägung.

Eine eindeutige Zuordnung wie etwa bei Flaggen oder Wappen, die als Signale für eine präzis definierte Region stehen, gibt es allerdings nicht. Manche Speisen gelten in mehreren Gegenden als eine Art Nationalgericht. Dazu gehören beispielsweise Heringsgerichte, die in vielen norddeutschen Landschaften verbreitet sind, Eintopfgerichte, die sich oft nur in Nuancen der Zusammensetzung und in ihren Namen unterscheiden, oder, vor allem in den südlichen Landesteilen, Sauerkraut und Speck bzw. Würste. Andererseits gibt es im allgemeinen nicht nur *ein* Nationalgericht in einer Landschaft, sondern eine ganze Palette von Speisen, die als mehr oder weniger typisch gelten.

Typisch für den äußersten Norden der Bundesrepublik Deutschland sind neben verschiedenen Fischgerichten vor allem Mahlzeiten mit Grünkohl oder Braunkohl, widerstandsfähigem und anspruchslosem Gemüse. Aber auch Eintopfgerichte – in Schleswig-Holstein etwa die „Dickmusik" aus Bohnen, Erbsen, Möhren, Lauch, Kartoffeln und Speck – werden auf die Frage nach charakteristischen Speisen erwähnt. Ebenso gehört „gefüllte Schweinerippe" zu den regionalen Hauptgerichten; die Füllung ist dabei aus Backpflaumen und sonstigem Backobst. Hier wird eine Eigenart sichtbar, die für die nördlichen und westlichen Regionen Deutschlands insgesamt kennzeichnend ist: die Zugabe von Süßem zur kräftigen Kost. In Pommern und Mecklenburg, also im nordöstlichen Teil Deutschlands, ißt man beispielsweise Klöße mit Pflaumen, weiße Bohnen mit Äpfeln, Blutwurst mit Rosinen, Gänsebraten mit Äpfeln und Backpflaumen. In Westfalen hat das dunkle Brot, der Pumpernickel, einen süßlichen Beigeschmack; im Saarland und in Teilen Hessens taucht die für die meisten anderen Regionen befremdliche Mischung von Obstkuchen und Kartoffelsuppe auf, und im Rheinland ißt man den Sauerbraten mit Rosinen und Apfelkraut.

Eine besondere Spezialität ist der „Kölner Sauerbraten", der aus Pferdefleisch hergestellt und sicherlich nicht von allen Kölnern geliebt wird – Hinweis darauf, daß viele der regionalen Nationalspeisen nicht aus der gehobenen Küche stammen, sondern das für die meisten Verfügbare in den Rang einer Besonderheit heben; Hinweis auch darauf, daß die großen Städte sich zwar im Prinzip in die jeweilige Umgebung einfügen, daß sie aber innerhalb dieses Rahmens oft noch eine eigene Geschmacksrichtung durchsetzen. Berlin beispielsweise hat eine eigene Eßkultur ausgebildet; charakteristisch sind die „Buletten", gebratene Hackfleischbällchen, die auf den Stehtheken alter Berliner Kneipen bereitliegen; aber auch Erbsensuppe mit Speck, grüner Aal, Bratheringe und Rollmöpse sowie verschiedene Arten von Sülze gelten als Berliner Gerichte.

Je weiter man nach Süden kommt, um so deutlicher überwiegen aus Mehl hergestellte Speisen. Im Schwäbischen gelten die Maultaschen als Nationalgericht, Taschen aus dünnem Nudelteig, die mit einer Mischung aus Fleisch, Brot und oft auch Spinat gefüllt sind; zu den häufigsten Beilagen gehören die „Spätzle", ebenfalls Teigwaren, die wurmartig geformt sind (eine Charakterisierung, die man bei Tisch besser unterdrückt!), und bei den Knödeln überwiegen hier wie im Bayerischen die mit Semmeln, also mit Brot, hergestellten, nicht die Kartoffelklöße wie in den meisten Teilen Mitteldeutschlands. In Bayern gelten vor allem aber auch verschiedene Formen der „Brotzeit" – also der kalten Zwischen-, manchmal auch Hauptmahlzeit – als typisch: der feingeschnittene, aber nicht durchschnittene Rettich, der so wie eine kleine Ziehharmonika erscheint, einige Käsesorten, aber auch Wurstwaren wie der Leberkäse oder die Weißwürste.

Diese Auflistung, bunt genug, ist keineswegs vollständig. Aber selbst in dieser reduzierten Form vermittelt sie einen Eindruck von der Vielfalt regionaler Prägungen. Selbstverständlich spielen die naturräumlichen Voraussetzungen dabei eine wichtige Rolle – schließlich ist es alles andere als verwunderlich, daß Fischgerichte vor allem in den nördlichen, meeresnahen Landesteilen zu Hause sind oder daß (um noch ein weiteres Gericht anzuführen) Spargel vor allem in den sandigen Böden der oberrheinischen Tiefebene gedeiht. Aber auch die politisch-historischen Prägekräfte sind nicht bedeutungslos. Sie sind zum einen dafür verantwortlich, daß manche Speisen nicht nur als regionale Spielarten verstanden werden, sondern als Eigentümlichkeiten, die einen bestimmten Raum charakterisieren – als „Nationalgerichte" eben. Zum anderen gibt es aber auch Speise- und Geschmacksgrenzen, die aus der politisch-historischen Entwicklung erklärbar sind.

Das gilt beispielsweise für die süße Garnierung habhafter Speisen, für die vor allem Belege aus dem nördlichen und westlichen

Deutschland angeführt wurden. Tatsächlich läuft hier eine Geschmacksgrenze quer durch Deutschland. Für einen Süddeutschen gehört es zu den schockierenden Überraschungen, wenn er zum ersten Mal in einem norddeutschen Haus gesüßten Salat serviert bekommt. Eine eindeutige Erklärung gibt es für diese Zweiteilung nicht. Aber es ist anzunehmen, daß sie zusammenhängt mit der größeren Offenheit für koloniale Einflüsse in den nordwestlichen Gebieten – Zucker wurde bis zum späten 18. Jahrhundert ausschließlich aus Rohrzucker gewonnen, und die Einfuhr war teuer. Der Zucker war dadurch ein Prestigeobjekt der oberen Schichten, wurde aber durch die großen Handelskompanien, zum Teil mit Hilfe der Regierungen, bei der ganzen Bevölkerung durchgesetzt. Auch der im 19. Jahrhundert entstehende Zuckerrübenanbau und die dazugehörige Verwertungsindustrie konzentrierten sich zunächst vor allem auf den Nordwesten und einige mitteldeutsche Gebiete.

Eine Parallele zu dieser Entwicklung bildet die Einfuhr von Tee, mit der riesige Summen verdient wurden. Auch sie war weithin auf die nördlichen Gebiete konzentriert, wo der Einfluß der englischen Kolonialmacht, unterstützt durch dynastische Verbindungen, besonders stark war. Heute ist Ostfriesland mit seinen Inseln das wichtigste deutsche Teegebiet. Hier wird Tee zu jeder Tageszeit – im allgemeinen mit Kandiszucker und Sahne – und in großen Mengen getrunken. Der Teekonsum von Ostfriesen ist fast zehnmal so groß wie der durchschnittliche Teeverbrauch im übrigen Deutschland. Dort hat sich der Kaffee durchgesetzt, als koloniales Erzeugnis ebenfalls von Nordwesten her, aber mit großer und rascher Durchschlagskraft, so daß hier in der Geschmacksorientierung und im Verbrauch keine wesentlichen Unterschiede mehr zwischen Norden und Süden bestehen.

Auch der Gegensatz Kartoffeln (Nord) – Mehlspeisen (Süd) kann historisch begründet werden. Die Grenze verläuft ähnlich wie die zwischen Süß und Sauer. Sie ist freilich im Lauf der Zeit immer durchlässiger geworden: Auch in Süddeutschland werden Kartoffeln gegessen, und auch in Norddeutschland gibt es schmackhafte Mehlspeisen. Aber so viel läßt sich doch sagen, daß die Kartoffel im Norden größere Verbreitung gefunden und ein höheres Renommee gewonnen hat. Sie kam zwar zunächst aus Südamerika über Spanien und Italien nach Europa, setzte sich aber nicht als allgemeines Nahrungsmittel durch. Entscheidend waren die Impulse, die vom Nordwesten ausgingen, von England und den Niederlanden als den führenden Handelsmächten. Die Anregung zum Anbau wurde zunächst in der Pfalz und in Sachsen aufgenommen, und sie breitete sich dann vor allem in den norddeutschen Gebieten aus, wo der Anbau durch die Regierungen gefördert wurde (bekannt ist das Eintreten des Preußenkönigs Friedrich II. für die Kartoffel). In Süddeutschland galten Kartoffeln dagegen noch im 19. Jahrhundert als Arme-Leute-Nahrung; der Nationalökonom Friedrich List sah in den „Kartoffelbauern" die unterste Stufe der Agrarwirtschaft.

In der Jugendszene hat das Wort „Kartoffel" eine besondere Bedeutung angenommen. Im Gruppenjargon ausländischer Jugendlicher ist es eine Bezeichnung für Deutsche, die öfter distanzierend-aggressiv verwendet wird, die aber auch eine kumpelhafte Beziehung signalisieren kann. Es ist also eine Entsprechung zu dem von Deutschen auf Italiener gemünzten Übernamen „Spaghetti", vielleicht sogar eine Reaktion darauf. Ein älterer Spottname für die Deutschen, der sich an ihren Nahrungsgewohnheiten orientiert, ist „Kraut"; vor allem während des Zweiten Weltkriegs berichtete die westliche Presse gerne über Schwierigkeiten und Niederlagen der „Krauts". Gemeinsam ist solchen Bezeichnungen von außen, daß Nahrungsmittel gewählt werden, die in der eigenen Kost keine oder nur eine untergeordnete Rolle spielen, die aber in der so etikettierten Bevölkerung sehr verbreitet sind. Insofern ist es nicht verwunderlich, daß eher simple Grundnahrungsmittel für die Bezeichnungen herhalten müssen.

Möglicherweise ist damit aber auch ein Charakteristikum deutscher Ernährungsgewohnheiten anvisiert. Es fällt auf, daß in allen regionalen Darstellungen zu den Speisegewohnheiten der Bewohner regelmäßig und fast monoton von deftiger Hausmannskost, von kräftigen und habhaften Speisen die Rede ist. Es ist bemerkenswert, wie wenig das Raffinement der Kochkunst Eingang gefunden hat in den Bereich der Speisen, die gewissermaßen als regionaler Ausweis fungieren. Es handelt sich im allgemeinen um ländliches Essen, das aber auch in die bürgerliche Küche eingedrungen ist; dem regionalen Brauch entzogen sich auch die vornehmeren Personen und Familien nicht.

Die Orientierung am einfachen Essen läßt sich nicht nur an den tatsächlichen Speisegewohnheiten ablesen, sie bestimmt auch viele Diskurse zur Eßkultur. Den wichtigsten Akzent setzte bereits in den zwanziger Jahren des 19. Jahrhunderts Karl Friedrich Freiherr von Rumohr. Ähnlich wie sein französischer Zeitgenosse Brillat-Savarin trat er für die Mäßigkeit ein. Während dieser aber in der Verfeinerung den sichersten Schutz gegen jedes Übermaß erblickte, sah Rumohr vor allem die Gefahr der Überfeinerung, die schließlich doch zu einer „vergeudenden Gefräßigkeit oder gefräßigen Vergeudung" führe. Das Bekenntnis zum einfachen Mahl blieb lange Zeit antifranzösisch und stand im Zeichen nationalen Selbstbewußtseins. Im Nationalsozialismus wurde das einfache Essen zum Kult erhoben. Die zusammengekochte Mahlzeit aus verschiedenen Bestandteilen (Gemüse, Kartoffeln, Teigwaren, mitunter auch Fleisch) war in allen deutschen Landschaften zu Hause; sie war ein Ausdruck der allgemeinen Sparsamkeit. Im Jahr 1933 wurde der ‚Eintopf' zum Symbol der Volksgemeinschaft; die von oben dekretierten Eintopfsonntage sollten alle Volksgenossen vereinen. Diese ideologische Aufladung ist verpufft, und es gibt inzwischen in Deutschland sehr verschiedenartige, immer wieder wechselnde Orientierungen des Eßverhaltens – die Existenz auflagenstarker Eßzeitschriften, entsprechende Rubriken in Zeitungen und die Demonstration von Kochkünsten im Fernsehen reden hier eine deutliche Sprache. Aber mit einiger Vorsicht kann man doch feststellen, daß die Neigung zu herzhafter, ‚natürlicher' Kost in Deutschland ausgeprägter ist als in manchen benachbarten Staaten.

Zu den klischierten Bildern, die im Ausland in Karikaturen verwendet werden und die in den Köpfen vieler Fremden stecken, gehört auch der Mann mit dem Maßkrug, der urwüchsige Biertrinker. Tatsächlich ist der Bierkonsum in Deutschland sehr groß; daß die Pro-Kopf-Zahl etliche Liter unter dem Kaffeeverbrauch liegt, relativiert diese Feststellung nur sehr bedingt, weil sich der Bierkonsum auf weniger Personen konzentriert: überwiegend auf Männer, und hier wieder auf die Regionen, in denen der Wein eher selten ist. Denn auch der Weinkonsum ist hoch; Wein wird keineswegs nur zum Essen genossen, sondern vor allem in den Abendstunden, im Anschluß an das Essen – für Bier und andere alkoholische Getränke gilt das gleiche.

Es paßt in dieses Bild, daß die Trinkkultur geradezu liebevoll gepflegt wird. Es gibt regionale Biersorten (die allerdings in städtischen Kneipen im bunten Sortiment angeboten werden); Kölsch (Kölner Bier) schmeckt anders als Dortmunder oder Münchner Hofbräu. In der Werbung wird auf alte Brautraditionen gepocht, und wenn in Berlin scharfe Getränke angeboten werden, so fungieren diese als „Altberliner Schnäpse und Liköre". Charakteristisch – man könnte auch sagen: verdächtig – sind die Tarnnamen, die manchen alkoholischen Getränken gegeben wurden. An der Nordsee gibt es „Pharisäer", eine Mischung aus starkem Kaffee und noch stärkerem Rum, versteckt unter einer Haube von süßer Sahne. Der Name wird – ob zu Recht oder zu Unrecht, ist unbekannt – darauf zurückgeführt, daß eine Taufgesellschaft in Anwesenheit des Pfarrers pausenlos die Kaffeetassen leerte und dabei immer lustiger wurde, bis der Pfarrer schließlich entdeckte, daß in den Tassen mehr Rum als Kaffee war, und die Leute als Pharisäer beschimpfte. In Ostfriesland trinkt man „ostfriesischen Landwein" – in Wirklichkeit handelt es sich um einen Kornschnaps –, oder man trägt „Bohnzopp" (Bohnensuppe) auf, die aus Branntwein und Rosinen besteht.

Dies sind nur anekdotische Kleinigkeiten; aber sie passen zu dem geläufigen Bild von den Deutschen als starken Trinkern. Sind sie das wirklich? Soweit verläßliche Vergleichszahlen vorliegen, lassen sie den Schluß zu, daß das Stereotyp zumindest nicht ganz unbegründet ist – auch wenn die verbrauchten Mengen und der Prozentsatz der Alkoholiker nicht unbedingt höher sind als in vergleichbaren Industrienationen. Der wesentliche Unterschied dürfte darin liegen, daß extensives und manchmal sogar exzessives Trinken in der deutschen Gesellschaft bis in die sozial höchsten Kreise hinein positiv sanktioniert war und teilweise noch ist. Was schon bei den Speisen sichtbar wurde: ein Hang zum Kräftigen, die Tendenz, Quantität der Qualität vorzuziehen, das gilt offenbar auch fürs Trinken.

Es ist schwer, die Gründe dafür aufzuspüren. Norbert Elias stellt in seinen ,Studien über die Deutschen' deren Hang zum Alkohol in einen großen geschichtlichen Zusammenhang. Die deutschen Länder waren in ihrer Schwäche immer wieder kriegerischen Bewegungen ausgesetzt. Im Trinken – und zwar im gesellschaftlich geduldeten Trinken – sieht Elias eine Kompensation der politischen Schwäche; offenbar habe die Bevölkerung so versucht, ihre gesellschaftliche Notlage erträglicher zu machen. Damit ist sicherlich *ein* Grund angedeutet. Dazu kamen wohl wirtschaftliche Gründe: Die großen Brauereien waren ebenso wie die Weinberge zu großen Teilen in den Händen der Herrschaft, die deshalb den Konsum förderte. Und die Kultur der Geselligkeit war in Deutschland sehr viel stärker als in vielen anderen Nationen eine männlich bestimmte Kultur – militärische Rituale durchsetzten weithin auch das akademische Leben und bürgerlichen Komment, Verfeinerung und Raffinement waren wenig gefragt.

Allerdings wäre es falsch anzunehmen, daß sich in den Trinksitten (und gleicherweise im Essen) keinerlei soziale Unterschiede ausdrücken. Die Frage „Wein oder Bier?" ist oft eine Frage des sozialen Status; Wein ist das vornehmere Getränk, Bier eher das Getränk einfacher Leute. Eine eindeutige Zuordnung ist das freilich nicht, zumal die Entscheidung auch durch regionale Traditionen bestimmt wird: Es gibt nach wie vor Wein- und Bierregionen, und ganz generell läßt sich sagen, daß sich Nationalgerichte und Nationalgetränke im eigentlichen Sinn nicht leicht auffinden lassen. Fragt man, was für die heutige deutsche Gesellschaft insgesamt charakteristisch ist, so landet man möglicherweise bei Pizza und Prosecco. Geht man lediglich von der Verbreitung dieser Angebote aus, könnte man sie als typisch deutsch bezeichnen. Einleuchtend wäre das aber kaum; es fehlt die historische Aura und das Merkmal der Unterscheidung von anderen Nationen.

Eng und wohl …

Jahrhundertelang die Herausbildung und Bewahrung regionaler Eigenheiten, spät erst ein lebhafter Austausch mit Tendenzen zu stärkerer Vereinheitlichung – das ist die in der Logik der politischen Strukturen begründete Entwicklung. Sie gilt keineswegs nur für den Bereich der Ernährung, sondern auch auf anderen Gebieten. Sucht man nach typisch deutschen Häusern, so ist man zunächst auf die von Geographen und Volkskundlern herausgearbeiteten Hauslandschaften verwiesen; typisch scheint auch hier die große Vielfalt zu sein. Lange Zeit hat man mit Stammesunterschieden operiert, sprach von altsächsischen Hallenhäusern, fränkischen Gehöften, bayerischen Hofanlagen. Tatsächlich aber bestimmten wohl vor allem Unterschiede der Landschaftsgestalt und des Klimas sowie die zur Verfügung stehenden Materialien die Bauformen; dazu kamen rechtliche Einflüsse: Im Südwesten wurden beispielsweise die großen Höfe im Schwarzwald und in Oberschwaben geschlossen vererbt, während durch die im mittleren Württemberg und anderen Landschaften vorherrschende Teilung unter den Erben nicht nur die Felder zerstückelt, sondern zwangsläufig auch die landwirtschaftlichen Bauten verkleinert wurden. Die Bürgerhäuser in den Städten unterschieden sich vor allem nach den verwendeten Materialien und den dominierenden Stilrichtungen – niederdeutsche Backsteingotik etwa steht gegen süddeutschen Barock.

Eine gewisse Vereinheitlichung schafft erst die Bauindustrie, die in modischer Abfolge jeweils die gleichen Baustoffe verwendet und die gleichen Architekturstile propagiert. Mietskasernen in Hamburg unterscheiden sich nur unerheblich von denen in Stuttgart oder München – und das gilt auch für die Siedlungsbauten und die kleinen Einfamilienhäuser in den Außenbezirken von Städten und Dörfern. Ausländische Besucher sehen sie oft als typisch deutsch an. Sie registrieren dabei nicht nur die äußere Form, sondern verbinden damit die Vorstellung einer bestimmten Lebensweise: Die Häuser sind strikt abgeschirmt; die vorgelagerten Gärten sind im allgemeinen kein Ort fröhlicher Kommunikation, sondern Demonstration geordneter Ästhetik – Nutzpflanzen und vor allem Blumen wachsen in genau abgegrenzten Rabatten, und der Rasen wird mit dröhnenden Maschinen kurz gehalten. Dabei sieht man von den prestigeträchtigen Gartenanlagen oft nur wenig, weil Hecken, Zäune und manchmal auch Mauern die Grundstücke abschließen.

Einschränkend ist hier nicht nur geltend zu machen, daß man auch wild wuchernde Gärten sehen kann, es ist auch daran zu erinnern, daß es *die* Ausländer nicht gibt und daß zumindest in manchen fremden Ländern ebenfalls die Tendenz zur Abgrenzung zu beobachten ist. In Dänemark werden die Villenbesitzer, die ihre Grundstücke mit hohen Hecken umgeben, manchmal als „Ligusterfaschisten" beschimpft; Zäune und sogenannten Einfriedungen sind also keine rein deutsche Erfindung. Aber von vielen Ausländerinnen und Ausländern werden sie – in Interviews wie in spontanen Äußerungen – doch immer wieder erwähnt. Vor allem Nordamerikanern fällt diese Eigenheit auf. Zitat einer Amerikanerin aus dem bereits erwähnten Projekt mit ausländischen Studierenden: „Jeder grenzt sich ab. Typisch ist, daß man hier Hecken und Zäune hat und nicht ein Grundstück ins nächste fließt. Man kann im Sommer nirgendwo reingucken." Vor etwas mehr als zwei Jahrzehnten machte der amerikanische Journalist Jack McIver Weatherford sein Bild von der deutschen Kultur insgesamt an den diversen Formen der Abschirmung fest:

Bei der Fahrt durch Deutschland bemerkt man zuallererst die ordentliche und präzise Aufteilung von Raum, Land und Gebäuden: Stadt wie Land sind in ordentliche, geometrische Parzellen aufgeteilt, die von einer Vielzahl von Mauern, Zäunen und Toren bezeichnet werden. Jeder Fleck Boden scheint von einer definitiven Grenze umschlossen, die ihn klar von allen anliegenden Grundstücken scheidet. In den Kleinstädten sind die einzelnen Häuser durch regelrechte Mauern voneinander getrennt, und innerhalb dieser ummauerten Liegenschaften befinden sich wiederum Mauern, die den Vorgarten vom Haus und diesen wieder vom Hof trennen – und das Haus erscheint durch seine Rolläden vollends als Festung. Aber auch innerhalb dieses schon so wohlbefestigten Hauses teilen normalerweise nochmals massive Türen einen Raum vom anderen. Beim Betreten eines deutschen Hauses ist es keineswegs unüblich, bis zu drei verschlossene Sperrlinien, die zudem von einer Vielzahl elektrischer und mechanischer Sicherheitseinrichtungen gesichert werden, durchlaufen zu müssen. Die Deutschen scheinen die einzigen, die jeden nur vorstellbaren Raum mit einer unüberwindlichen Mauer umgeben, wenn sich das irgend machen läßt.

Oskar Negt nahm sich in einer kritischen Skizze das bekannte Märchen vom Wolf und den sieben Geißlein vor und entwickelte daraus eine ähnliche Charakteristik: Die Tür trennt innen und außen, aber gewissermaßen auch gut und böse; während sich bei den Deutschen „Wärme und Aufmerksamkeit nach innen" richte, herrsche „Kälte und Gleichgültigkeit nach außen". Solche pauschalierenden Feststellungen sind sicher fragwürdig. Aber es ist nicht einfach von der Hand zu weisen, daß ausgrenzendes Denken, das Operieren mit den Kategorien „Wir" und „die anderen" bereits in der privaten Sphäre an- und eintrainiert wird. Nicht nur Zäune und Grenzmauern fallen auf, sondern auch die ausgefeilten Zugangsregelungen – etwas direkter ausgedrückt: die vielen Hinweistafeln, die das Betreten irgendeiner Fläche, eines Wegs oder eines Raums verbieten. Außerdem registrieren viele Fremde kritisch die große Bedeutung von Fensterläden, Jalousien, Vorhängen und Stores in Deutschland – und eben auch die Wichtigkeit der Türen. Das gilt nicht nur für Besucher und Besucherinnen aus südlichen Ländern, in denen sich das Leben sehr viel mehr nach außen verlagert. Für sie sind die geschlossenen Türen sogar verständlich; sie sehen, daß die Witterung eine stärkere Öffnung der Häuser verbietet. Es sind vor allem die Nordamerikaner, denen der deutsche Umgang mit Türen fragwürdig bleibt. Während bei ihnen in Geschäfts- wie Privaträumen das Prinzip der offenen Tür gilt, fungieren die Türen bei den Deutschen als Schutzvorrichtung, als Abschirmung und Kontrollschleuse; das nach wie vor übliche Anklopfen wird ebenso als Kuriosum registriert wie die Doppeltüren in Hotels, obwohl diese vor allem als Lärmschutz dienen. Die Einrichtung von Großraumbüros setzte sich in Deutschland verhältnismäßig spät und langsam durch, und verschiedentlich ließ sich beobachten, daß das Führungspersonal zwar kurze Zeit der neuen Firmenphilosophie auch persönlich huldigte, sich dann aber wieder in die Einzelzimmer der Chefetage zurückzog.

„Für die Deutschen ist der Raum" – man sollte wohl hinzufügen: der eigene Raum – „etwas Heiliges". So formulierten es Edward T. und Mildred R. Hall, ein Anthropologenpaar aus Neumexiko, das Handreichungen für den Geschäftsverkehr zwischen Amerikanern und Deutschen entwickelte. Der Ausdruck „heilig" darf dabei sicher nicht in seinem vollen Gewicht genommen werden; gemeint ist die Tendenz, den eigenen Raum möglichst unversehrt und störungsfrei zu halten. Wird damit aber nicht etwas für die Deutschen reklamiert, was für die Menschen aller Kulturen gilt, ja was als soziobiologisches Grundbedürfnis auch in der Tierwelt nachweisbar ist? Verhaltensforscher haben zumindest für höhere Tiergattungen den Nachweis erbracht, daß diese ihr Territorium abgrenzen und markieren und daß sie ein sehr ausgeprägtes Revierverhalten zeigen. Aber die Menschen leben nicht in einem weitgehend instinktiv abgegrenzten Revier, sondern in verschiedenen Räumen, die das Ergebnis komplexer gesellschaftlicher Prozesse sind. Selbst wenn man eine generelle Tendenz zum menschlichen Revierverhalten unterstellt, hängt ja doch alles davon ab, wie dieses Verhalten jeweils kulturell modifiziert ist. Vielleicht drückt sich die deutsche Neigung zum Ab- und Ausgrenzen gerade auch darin aus, daß der Befund der Ethologen, der Verhaltensforscher, hier besonders häufig auf die menschliche Gesellschaft übertragen wird – er dient dann nicht nur zur Erklärung privater Abschließungstendenzen, sondern soll auch die gesellschaftliche und politische Ausgrenzung von Fremden als natürliche und unvermeidliche Haltung entschuldigen.

Was als Ausgrenzung und Abschließung beobachtet wird, erscheint in anderer Perspektive als *Enge*. Wo die Öffnung ins Weite fehlt, müssen Strukturen und Lebensformen entstehen, die durch Enge charakterisiert sind. Tatsächlich haben Fremde – und in diesem Fall nicht nur Nordamerikaner – verschiedentlich ein deutsches Engesyndrom registriert, zu dem Facetten wie fehlende Großzügigkeit, Überfüllung der Wohnungen mit Mobiliar, kleinkarierte Urteile und ängstliche Kommunikationsscheu gehören. Das sind ganz überwiegend negative Charakterisierungen, wie sie von außen appliziert werden. Aber in ihnen steckt auch die Möglichkeit einer Wendung ins Positive – mangelnde Großzügigkeit erscheint dann als Genügsamkeit, Kommunikationsscheu als angemessene Zurückhaltung. Soweit die pauschale Festlegung der Deutschen auf Enge zutrifft – sie scheinen unter dieser Enge nicht (oder: nicht nur) zu leiden, sondern haben sich darin eingerichtet: „Eng und wohl ist besser als weit und wehe", lautet ein früher oft gebrauchtes Sprichwort.

Bis zu einem gewissen Grad läßt sich das, was auf den Nenner der Enge gebracht wird, aus den politischen Bedingungen erklären, die über eine sehr lange Zeitstrecke fast nur kleinräumige Erfahrungen zuließen. In den rund tausend Territorien, in die das spätere Deutschland aufgeteilt war, blieben die meisten Untertanen zwangsweise an ihre Obrigkeit und ihren engen Lebensraum gebunden. Viele waren Leibeigene oder doch unmittelbar der Grundherrschaft verpflichtet, und auch die ‚Freien' waren in wichtigen Lebensfragen – zum Beispiel Eheschließung, Recht auf Niederlassung, Fürsorge in Alter und Armut – von lokalen oder regionalen Bestimmungen abhängig. Wichtiger noch ist möglicherweise, daß sich in vielen der kleinen Territorien und auch innerhalb der einzelnen Gemeinden eine üppige Hierarchie von Amtspersonen herausbildete, die sich daran gewöhnten, ihr eigenes Handeln, also Entscheidungen minimaler Reichweite, für weltbewegend zu halten. Schon Anfang des 16. Jahrhunderts berichtet der Humanist Heinrich Bebel von einem schwäbischen Bauern, der in seinem Dorf zum ‚Schultheißen' gewählt wurde und der kaum begreifen konnte, daß er als „unwürdiger Mensch" wunderbarerweise „in ein solch hohes Amt gesetzt worden" – dabei waren es nur „neun Bauern, über die er zu gebieten hatte".

Der Hinweis auf die politische Kleinräumigkeit ist kein rein historisches Argument. Die Orientierung an kleinräumigen Regionen ist auch dann geblieben, als die Kleinstaaterei überwunden und die alten Grenzen verschwunden waren. Sie ist deshalb geblieben, weil sich in den früheren kleinen politischen Einheiten ein spezifisches kulturelles Gepräge herausgebildet hatte. In Frankreich war der Sog von Paris, die politische und kulturelle Dominanz der Hauptstadt so stark, daß – etwas vergröbert ausgedrückt – alles Übrige zur Provinz, zur Zweitklassigkeit degradiert war. Natürlich gibt es auch in Deutschland abgelegene, wirtschaftlich und kulturell benachteiligte Räume; aber die Landkarte ist doch übersät mit größeren und kleineren Zentren. Die Provinz ist nicht abgehängt; ja mit einem gewissen Recht hat man konstatiert, daß es in Deutschland Provinz eigentlich kaum gibt. Diese Pointierung läßt sich allerdings, weil urbane Lebensformen immer regional eingefärbt und abgeschwächt wurden, auch umkehren: Ganz Deutschland ist Provinz. Damit landen wir wieder beim Stichwort „Enge".

Für diesen Akzent in der Charakteristik gibt es aber eine noch viel direktere Begründung, die allerdings von der historischen Kleinräumigkeit nicht unabhängig ist: die Bevölkerungsdichte. Mit durchschnittlich rund 230 Bewohnern pro Quadratkilometer ist Deutschland in den oberen Rängen unter den europäischen Staaten zu finden. Es steht allerdings nicht an der Spitze; die Niederlande und Belgien weisen mit etwa 380 bzw. 330 beträchtlich höhere Werte auf, und auch England liegt mit mehr als 240 über dem deutschen Durchschnittswert. Vergleicht man Deutschland aber beispielsweise mit Frankreich, so wird die größere Dichte und Enge augenfällig: Die Fläche Frankreichs übersteigt die Deutschlands um ein Drittel; die Einwohnerzahl ist aber um ein Drittel niedriger als die Deutschlands.

Übervölkerung ist in Deutschland eine alte Erfahrung. Die Auswanderungswellen vor allem im 19. Jahrhundert waren zwar zu kleinen Teilen auch religiös und politisch-weltanschaulich begründet; aber die meisten verließen das Land, weil sie darin kein Auskommen fanden. Die deutsche Großraumpolitik ist sicherlich *auch* vor diesem Hintergrund zu sehen. Sie fiel allerdings nicht aus dem europäischen Rahmen, und sie zielte vor allem auf wirtschaftliche Dominanz und politische Macht. Der Vergleich des Kolonialbesitzes spielte dabei eine wesentliche Rolle; der Verlust der überseeischen Besitzungen als Folge des Ersten Weltkriegs heizte die geopolitischen Forderungen an. Im Jahr 1926 publizierte Hans Grimm seinen Roman ‚Volk ohne Raum‘; unter Einbeziehung der Kolonien kommt er zu einem provozierenden Zahlenvergleich: Sechs Belgier „haben eintausend Meter im Geviert zu eigen“, desgleichen sieben Russen, acht Franzosen, fünfzehn Engländer – und demgegenüber 132 Deutsche. Das nationalsozialistische Regime zielte mit seinen Eroberungsfeldzügen auf ein großgermanisches Reich – am Ende standen beträchtliche Gebietsverluste, erhebliche Zuwanderungen und damit eine weitere Verdichtung der Bevölkerung.

Die politische Dimension der großen Bevölkerungsdichte spielt heute praktisch nur noch in abseitigen Diskussionen eine Rolle; die Ausweitung des wirtschaftlichen Horizonts und der technische Fortschritt relativieren die Rede von Übervölkerung. Wenn von Enge gesprochen wird, dann ist damit ein Modus alltäglicher Erfahrung anvisiert, der in der Regel gar nicht reflektiert wird und nur in besonderen Situationen ins Bewußtsein tritt. Ich möchte das an einem banalen Beispiel demonstrieren, das für mich die Qualität eines Schlüsselerlebnisses gewann. Im Tübinger Deutsch-Amerikanischen Institut hielt ein aus den Südstaaten kommender Professor einen Vortrag, auf den ich eigens hingewiesen wurde. Ich war verhindert und entschuldigte mich. Wenige Tage danach erhielt ich einen Anruf vom Frankfurter Amerika-Haus: Der betreffende Professor spreche dort am nächsten Abend, und ich sei nachdrücklich zu dem Vortrag eingeladen. Ich reagierte höflich; aber am liebsten hätte ich erklärt, der amerikanische Kollege solle doch einmal auf die Landkarte schauen. Erst allmählich wurde mir klar, daß er das wahrscheinlich getan hatte – ich erinnerte mich daran, daß mich bei einer Vortragseinladung in die USA die Kollegen in einer vierstündigen Autofahrt vom Flughafen in ihre Universität brachten. Die Selbstverständlichkeit der Einladung nach Frankfurt war ebenso wie die Selbstverständlichkeit meiner Ablehnung in kulturspezifischen Raumvorstellungen begründet.

Es ist nicht ganz leicht zu erklären, warum Frankfurt von Tübingen ‚weiter weg‘ ist als Chicago von Bloomington; nach Kilometern ist die Entfernung ungefähr gleich. Es dürfte mit der dichteren Bebauung und den engeren Verhältnissen zusammenhängen. Der Weg nach Frankfurt führt von Tübingen aus durch viele ganz verschieden strukturierte Regionen, und man durchquert dabei zahlreiche Verwaltungsgrenzen. Man könnte auch sagen: Der Raum ist vollständig ausgefüllt, während man in vielen Gegenden der USA gewissermaßen ‚leere' Räume überbrückt. Besucherinnen und Besuchern aus Amerika fällt das durchaus auf; so erklärte eine amerikanische Studentin, in Deutschland gebe es überhaupt kein Land – überall seien Dörfer.

Der Einwand liegt nahe, daß diese ganze Betrachtung mit den Augen einer oder eines Norddeutschen anders aussähe. Wenn man von etwa tausend Territorien in der vornapoleonischen Zeit ausgeht, so lagen davon rund 600 im heutigen Baden-Württemberg; hier waren also die politischen Grenzen und die staatlichen Strukturen besonders eng. Und wenn vom Bevölkerungsreichtum, von dichter Bebauung, vom Fehlen weiter und leerer Flächen die Rede ist, dann trifft dies für die nördlichen und nordöstlichen deutschen Länder nur bedingt zu; das läßt sich objektivieren über die statistischen Werte zur Bevölkerungsdichte, die – sieht man von den Stadtstaaten Berlin, Hamburg und Bremen ab – bei 527 Einwohnern pro Quadratkilometer in Nordrhein-Westfalen einsetzen und bei 78 für Mecklenburg-Vorpommern enden.

Ich räume die südwestdeutsche Perspektive ein und gebe zu, daß mit einer Gegenüberstellung von Baden-Württemberg und sagen wir: dem amerikanischen Bundesstaat Oregon der Kontrast zwar besonders deutlich, aber nicht schlechterdings verallgemeinerungsfähig wird. Die binnendeutsche Position färbt das Autostereotyp, die Herkunft urteilender Ausländer das Heterostereotyp von den Deutschen. Diese Relativierung beseitigt aber nicht rundweg den Realgehalt der vorgebrachten Argumente. In Nord- und Nordwestdeutschland gibt es zwar große Flächen dünn besiedelter Landschaft, aber daneben doch auch dichter überbaute Landstriche. Ausgeprägte Streusiedlungen sind nicht die Regel; die Mehrzahl der Bewohner lebt in Städten, Dörfern und kleinen Weilern, die ihren eigenen Zuschnitt haben und die wichtigsten Erfahrungsräume sind. Außerdem läßt sich *Enge* nicht nur an den äußeren Verhältnissen festmachen; es ist eine allgemeinere Disposition, ja eine gewissermaßen moralische Kategorie. Und davon sind die Menschen in den dünner besiedelten Teilen Deutschlands keineswegs befreit.

Seßhaftigkeit und Reiselust

Im Verlauf eines Jahres zieht ungefähr eine Million Menschen von einem deutschen Bundesland in ein anderes um. Setzt man diese Angabe in Beziehung zur Bevölkerungszahl und zur durchschnittlichen Lebenserwartung, so ergibt sich, daß den Deutschen im Durchschnitt ein einziges Mal im Leben ein solcher Umzug bevorsteht. Nicht einkalkuliert sind dabei Umzüge zwischen Gemeinden des gleichen Bundeslands, bei denen man in vielen Fällen fragen kann, ob es sich um ‚richtige‘ Umzüge handelt, weil oft nur innerhalb der gleichen Gegend die Wohnlagen gewechselt werden. Aber auch wenn all diese Ortsveränderungen einbezogen werden, bleibt die Frequenz mit durchschnittlich vier Umzügen während eines Lebens niedrig. Ich bin allerdings keineswegs sicher, ob die Einschätzung dieser Durchschnittszahl vier als *niedrig* akzeptiert wird. Sie *ist* niedrig, wenn als Vergleichsmaßstab wiederum die Verhältnisse in den Vereinigten Staaten von Amerika herangezogen werden: Dort ist es üblich, daß nicht nur Alleinstehende immer wieder den Wohnort wechseln, sondern daß auch Familien alle vier oder fünf Jahre umziehen. Das ist normal und wird nicht als besonderer Einschnitt betrachtet. In Deutschland dagegen ist in der Regel jeder Umzug – auch der nicht durch äußere Umstände erzwungene, sondern freiwillig geplante – eine Störung, eine Belästigung und Belastung. Für die unterschiedliche Einschätzung lassen sich zum Teil objektive Gründe anführen. Die amerikanische Gesellschaft ist auf die häufigen Ortswechsel eingerichtet. Teile des Mobiliars werden zurückgelassen und vom Nachfolger übernommen; Firmen bezahlen die Umzüge ihrer Mitarbeiter und organisieren oft auch den Verkauf der bisherigen Wohnung; der bürokratische Aufwand hält sich in Grenzen (in vielen Fällen keine Ab- und Anmeldung!), das flexible Schulsystem vermindert die Schwierigkeiten für Kinder, Newcomer's Clubs heißen die Frauen willkommen, und die nächsten Nachbarn kümmern sich, sieht man von völlig anonymisierten Verhältnissen in manchen Großbauten ab, um die Zugezogenen. Das alles sind Voraussetzungen, die Ortsveränderungen erleichtern – und es sind Folgen davon, daß solche Ortsveränderungen als etwas ganz und gar Normales betrachtet werden.

In Deutschland sind diese Voraussetzungen nur in sehr begrenztem Umfang gegeben, deshalb sind Umzüge beschwerlicher. Und diese Modalitäten der Erleichterung sind unterentwickelt, weil Ortsveränderungen weniger selbstverständlich sind. Die Demoskopie-Institute fragen von Zeit zu Zeit danach, wie es mit den Wünschen nach einem Ortswechsel bestellt ist. Der Anteil derjenigen, die sich dazu bekennen, daß sie gerne wegziehen würden, liegt dabei seit vielen Jahren unter zehn Prozent – auch die Bevölkerung in der ehemaligen DDR fällt nicht aus diesem Rahmen. In einer Infratest-Untersuchung von 1997 erklärten 88 Prozent der Befragten, daß sie mit ihrem Wohnumfeld zufrieden seien; und in der gleichen Studie wurde festgestellt, daß fast zwei Drittel aller Deutschen heute noch in der Stadt oder der Gegend leben, in der sie aufgewachsen sind – wobei für das andere Drittel in Rechnung gestellt werden muß, daß viele in den erzwungenen Wanderbewegungen nach dem Krieg ihre Heimat verlassen mußten. All diese Zahlen verweisen auf eine so ausgeprägte *Seßhaftigkeit*, daß sich für diese durchaus die Charakterisierung „typisch deutsch" nahelegt.

Als nach dem Zweiten Weltkrieg in Stuttgart gerade die ersten Straßenbahnen wieder fuhren, saß im Wagen zu einem der Vororte eine alte Frau einem amerikanischen Besatzungssoldaten gegenüber, einem Schwarzen in Zivil. Die Frau starrte ihn ununterbrochen an, und kurz vor der Endstation faßte sie sich ein Herz und sprach ihn an: „Sie sind aber net von hier?" Der Mann verstand und sagte: „Nein", worauf die Frau zufrieden nickte: „Drum!" Diese Geschichte – vermutlich eine Wanderanekdote, die auch anderswo in Deutschland lokalisiert werden kann – charakterisiert eine vergangene Epoche; Schwarze fallen, zumal in einer Großstadt, kaum mehr auf. Aber noch immer spielt es eine Rolle, ob man zu den Einheimischen zählt – Zuwanderung ist zwar verständlich und verzeihlich, aber zunächst wird gewissermaßen erwartet, daß man ,von hier' ist.

Die Neigung zur Seßhaftigkeit ist um so auffallender, als der gesellschaftliche Bedarf ja doch durch das Stichwort „Mobilität" charakterisiert ist – die weiträumige Vernetzung der Wirtschaft fordert von vielen die Bereitschaft, für einige Zeit oder auch auf Dauer den Arbeitsplatz und damit in vielen Fällen den Lebensmittelpunkt zu verlegen. Diese Bereitschaft ist nicht immer vorhanden; es gab eine ganze Reihe von Fällen, in denen die Verlagerung der Produktion zu Schwierigkeiten und Spannungen führte. Bei der Fusion großer Firmen im internationalen Maßstab macht schon der zeitweilige Austausch Probleme. Die Manager klagen, es gebe zwar viele, die gerne für ein oder zwei Wochen den Arbeitsplatz wechseln, aber nur wenige, die dies für ein halbes Jahr oder länger auf sich nehmen. In der Regel wird dies als mangelnde Flexibilität angeprangert; es war die Ausnahme, als der Chef einer großen Autofirma genau unter diesem Aspekt das Fusionsfieber kritisierte – er erkannte, daß die Aufwertung der *Heimat* ein notwendiges Gegengewicht zur Ausweitung der Horizonte ist. Diese Erkenntnis ist richtig; aber sie reicht kaum aus, um die spezifisch deutsche Variante zu erklären, denn das Bedingungsverhältnis von globaler Perspektive und Orientierung an der Nahwelt ist ja auch anderswo gegeben – auch in Amerika.

Ich greife erneut auf den Unterschied zwischen Deutschland und den Vereinigten Staaten zurück – einmal deshalb, weil er ziemlich deutlich ist, aber auch deshalb, weil er schon verschiedentlich beschrieben und in Ansätzen analysiert wurde. Mitte der 80er Jahre brachte der amerikanische Anthropologe Alan Dundes ein Buch über die Deutschen heraus, in dem er mit einer überbordenden Serie von Hinweisen auf Misthaufen, Latrinensprüche, Herrenwitze, poetische Derbheiten, Schimpfwörter und Souvenirs den „analen Charakter" der Deutschen zu beweisen und auch zu erklären suchte: Ohne daß er eine direkte Kausalität postulierte, legte Dundes doch einen Zusammenhang nahe mit einer angeblich in Deutschland lange üblichen, besonders engen und strengen Wickelpraxis und mit einem rigiden und verfrühten Sauberkeitstraining bei Kindern. Da Dundes seine Beispiele nicht in ihrem geschichtlichen und sozialen Kontext interpretierte und keinerlei Material aus anderen Ländern und Kulturen zum Vergleich heranzog, geriet das Büchlein in den Geruch einer Kuriositätensammlung. Das ist es auch, aber die Fülle der Belege läßt sich nicht einfach als boshafte Auflistung beiseite schieben. Es stimmt schon (und wurde auch von anderer Seite schon vermerkt), daß es unter Deutschen eine ausgeprägte Neigung gibt, die menschliche

Kehrseite ins Spiel zu bringen – wenn anderswo aggressive sexuelle Vokabeln als Waffe benutzt werden, setzt man hier das Götz-zitat ein. Es dürfte mehr als ein billiges Sprachspiel sein, wenn man von hier einen Bogen schlägt zur großen Bedeutung des Besitzens und Fest-sitzens, zur Seßhaftigkeit also.

Andererseits fragt es sich, ob die Psychoanalyse die richtige Handhabe bietet, ob die Deutschen also wirklich aufgrund fragwürdiger Dressurmethoden in der frühen Kindheit schief gewickelt sind. Der Münchner Amerikanist Gert Raeithel bedient sich bei seiner Gegenüberstellung deutscher und amerikanischer Mentalität ebenfalls psychoanalytischer Begriffe; er sieht in Deutschland das Vorherrschen des oknophilen – das heißt anklammerungsbedürftigen, unbeweglichen – Typus, in den USA die Dominanz des philobatischen – mobilen und grenzüberschreitenden – Typus. Aber Raeithel öffnet die Perspektive doch entschieden zur geschichtlichen Entwicklung hin, indem er die amerikanische Haltung an den Einwanderern festmacht, die sich von ihrer Umgebung gelöst hatten und ihr Glück in der Weite der ‚Neuen Welt‘ suchten, während sich die Deutschen in der geographischen und politischen Enge ihres Landes arrangieren mußten. Edward T. und Mildred R. Hall verweisen zusätzlich auf die Wechselfälle und verheerenden Ereignisse der deutschen Geschichte, die es nach ihrer Auffassung verständlich machen, daß sich die Deutschen an ihren Besitz klammern – und dazu gehören im weiteren Sinn auch der Heimatort und die Heimatregion.

Daß es sich dabei über viele Jahrhunderte hinweg keineswegs um ein sentimentales Verhältnis handelte, zeigt die Geschichte des Heimatbegriffs. Bis ins 19. Jahrhundert hinein galt in den deutschen Territorien das „Heimatrecht“; es gab denjenigen, die Besitz hatten, ein Anrecht auf Verheiratung, gewerbliche Tätigkeit und Unterstützung, und es machte die anderen zu „Heimatlosen“, denen diese Rechte verwehrt waren und die oft nirgends richtig Fuß fassen konnten. In der zweiten Hälfte des 19. Jahrhunderts, als die Industrialisierung häufigere Ortswechsel notwendig machte, wurde das Heimatrecht aufgehoben und durch das Prinzip des „Unterstützungswohnsitzes“ ersetzt: Fortan hatte jede Person, die ein oder zwei Jahre in einer Gemeinde gelebt hatte, Anspruch auf deren Unterstützung. Dies war aber auch die Zeit, in der – vor allem im bürgerlichen Milieu – die Privatsphäre aufgewertet wurde; es entstand eine enge Bindung an den familiären Lebensraum, und der Begriff „Heimat" nahm nun die emotionale Färbung an, die in vielen Heimatliedern, in Heimatdichtungen, in Heimatvereinen und Heimatmuseen zum Ausdruck kam.

Aber wenden wir uns wieder der Gegenwart zu! Im Zusammenhang mit der ausgeprägten Seßhaftigkeit der Deutschen wird oft darauf hingewiesen, welch große Rolle der Besitz eines eigenen Hauses oder wenigstens einer Eigentumswohnung hier spiele – nirgendwo sonst werde so viel Geld in Bausparkassen getragen, nirgends so viel Eigentätigkeit in den Bau und Ausbau von Wohnungen investiert. Sieht man sich die nüchternen Zahlen der Statistik an, so entsteht ein völlig anderes Bild. Im europäischen Vergleich steht Deutschland ganz unten: In Deutschland sind nur knapp vierzig Prozent der Haushalte im Eigenheim oder der Eigentumswohnung; in den anderen Ländern liegt der Anteil wesentlich höher und erreicht in England und Irland Werte von rund siebzig bzw. achtzig Prozent. Bewegt man sich also, wenn man die deutsche Häuslichkeit und Freude am Hausbesitz lobt oder kritisiert, als Geisterfahrer auf dem Parcours der Realität? Ein wenig schon. Allerdings verlangt auch diese Statistik eine Erläuterung. Die Auflösung größerer Familienverbände, in Deutschland sehr viel ausgeprägter als vor allem in südlichen Ländern, und die wachsende Zahl von Singles haben dazu geführt, daß Mietwohnungen an Bedeutung gewonnen haben. Die traditionelle Stabilität der Wohnverhältnisse – die Seßhaftigkeit also – hat bewirkt, daß stabile und gut ausgestattete Bauten zur Regel wurden, deren Anschaffung einen hohen Preis fordert. Als das Bundesbauministerium die vergleichende Statistik zum Wohneigentum in Europa veröffentlichte, erhob die Bauindustrie Einspruch und stellte – sicherlich mit einem gewissen Recht – fest, Haus sei schließlich nicht gleich Haus. Die verbreitete Annahme, die Deutschen seien Spitzenreiter in Hausbesitz und Wohnungseigentum, ist falsch – aber sie zeigt, wie wichtig hier der Traum vom eigenen Haus ist. Und dieser Traum ist gewissermaßen auch eine Realität.

Seßhaftigkeit ist Ausdruck eines Sicherheitsbedürfnisses. Rückt man es in den Mittelpunkt, dann paßt auch der große Anteil von Mietwohnungen ins Bild. Haus- oder Wohnungsbesitz ist im Endeffekt ein Moment der Sicherheit; aber das Risiko einer langfristigen Belastung zum Erwerb scheuen viele – aus Sicherheitsgründen. Sicherheit wird in allen Bereichen groß geschrieben. Zahl und Ausmaß persönlicher Versicherungen sind in Deutschland besonders groß. Verbraucherschutzverbände weisen immer wieder darauf hin, daß viele Leute doppelt und dreifach versichert sind – vergeblich, weil die Versicherungsfirmen ihre Bestimmungen relativ undurchsichtig halten, aber auch, weil beträchtliche Angst vor Versicherungslücken herrscht. Auch die Haftungsfrage spielt in Deutschland eine größere Rolle als in vielen anderen Ländern; daran scheitern oft Initiativen, die zunächst munter begonnen werden – das private Engagement für die Einrichtung von Kinderspielplätzen, verschiedene Formen der Kinderbetreuung oder für Fahrten und Ausflüge erlahmt plötzlich, wenn die unberechenbaren Folgen eines Unfalls ausgemalt werden.

Der Hinweis auf die vielen Mietverhältnisse hebt also die These von der deutschen Seßhaftigkeit nicht aus den Angeln. Aber wie verhält sich dazu die Tatsache, daß vor allem in den Sommermonaten weit mehr als die Hälfte aller Deutschen aufbricht in andere Regionen, andere Länder, andere Kontinente? Fast 35 Millionen (die etwa fünf Millionen Camper und Caravaner mitgezählt) sind mit dem eigenen Auto unterwegs, rund 12 Millionen mit Bus oder Bahn und fast ebenso viele mit dem Flugzeug. Man hat die Deutschen verschiedentlich als „Reiseweltmeister" bezeichnet. Über diesen Titel läßt sich streiten – die Daten zur Reiseintensität werden nicht überall in der Welt in gleicher Weise erfaßt, und es gibt ganz unterschiedliche Maßstäbe: die Zahl der Reisenden und die Zahl der Reisen, die Reisedauer, die zurückgelegte Entfernung und die aufgewendeten Geldmittel. Japaner und Amerikaner legen beispielsweise im Durchschnitt größere Strecken zurück als deutsche Urlauber, und in den skandinavischen Ländern ist der prozentuale Bevölkerungsanteil der Urlaubsreisenden höher als in Deutschland. Man sollte wohl sagen: *noch* höher – denn mit gut zwei Dritteln der Bevölkerung liegt der Anteil der Touristinnen und Touristen in Deutschland sehr hoch. Beachtlich ist, daß dieser Anteil trotz schwierigerer wirtschaftlicher Bedingungen annähernd auch schon in der alten DDR erreicht wurde und daß sich die Probleme des Arbeitsmarkts bisher kaum auf die Reiseaktivitäten auswirkten. Es könnte sein, daß sich hier die von Soziologen registrierte „Zweidrittelgesellschaft" besonders direkt abbildet: Zwei Drittel können sich die Ferienreise leisten, während ein

Drittel das Nachsehen hat. Es hat aber eher den Anschein, daß die Urlaubsreise so wichtig genommen wird, daß man auch bei beschränkteren Mitteln nicht leicht darauf verzichtet. Im Durchschnitt fällt jedenfalls mehr als ein Zehntel der Ausgaben deutscher Haushalte in die Rubrik Ferienreisen.

Seßhaftigkeit und Reiselust – zweifellos ein Gegensatz. Aber in mancher Hinsicht auch ein Komplementärverhältnis, eine Ergänzung. Das gilt bereits für die vortouristischen Zeiten, als viele, die daheim keine Verdienstmöglichkeit und kein Unterkommen fanden, in fernen Ländern ihr Glück suchten. „Die Schwaben und das böse Geld / führt der Teufel in alle Welt" hieß ein schon im ausgehenden Mittelalter gängiger Spruch, und nicht nur den Schwaben sagte man nach, daß es sie nicht zu Hause halte. Von Reiselust läßt sich allerdings nicht ohne weiteres reden, denn das Reisen selbst war beschwerlich und gefährlich, und am Reiseziel warteten meist Entbehrungen und Enttäuschungen. Doch auch für die ganz und gar freiwilligen Reisen des modernen Tourismus kann man sagen, daß sie zum Teil provoziert werden durch die ausgeprägte Seßhaftigkeit und durch die Enge, von der die Rede war. Es handelt sich um Ausbruchsversuche auf Zeit – *weil* man in engen und weithin unveränderlichen Verhältnissen lebt, löst man sich von den Bindungen des Alltags. Man sucht Gegenwelten: sonnige Landschaft, schöne Natur, rustikale Umgebung, aber auch Freiheit von Konventionen; und allein schon die großen Entfernungen, die zurückgelegt werden, vermitteln das Gefühl, alles sei für ein paar Tage oder Wochen völlig anders.

Aber das ist nur die eine Seite. Gleichzeitig läßt sich beobachten, daß die Urlauber sehr viel von ihrer eigenen Welt im Gepäck mit sich führen – im wirklichen Gepäck, vor allem aber auch im übertragenen Sinn. Das reicht von den Eßgewohnheiten (auch wenn die Hinweisschilder „Deutsche Küche" nicht so oft auftauchen, wie es die gängigen Tourismussatiren nahelegen) bis zur gewohnten häuslichen Arbeitsteilung (die Mutti spült auch auf dem Campingplatz das Geschirr; aber sie darf das im Bikini tun). Als der Campingurlaub sich ausbreitete, wurde darüber meist in romantischer Perspektive berichtet: freies Leben in freier Natur. Die aus solcher Naturbegeisterung entstandene Massierung von Zelten und Wohnwagen galt als ironische Pointe; man sah die Camper eingeholt vom unvermeidlichen Massenauftrieb. Tatsächlich aber suchten und suchen die meisten von ihnen nicht zuletzt den Kontakt mit Gleichgesinnten – ein Leben wie daheim, nur etwas weniger reglementiert. Der Blick von außen auf den Tourismus unterscheidet sich meist von der Erfahrung der Beteiligten. Fette, dampfende Leiber, dicht gedrängt auf dem „Teutonengrill" am Strand, der Kampf um die Sonnenschirme und Liegen, das langsame Vordringen zum Meer – das ist die *eine* Seite, die Sicht der Kritiker und Karikaturisten. Eine *andere* ist das wirkliche Leben in dem Strandabschnitt, in dem es Nachbarn und Freunde gibt, Bindungen und Abgrenzungen, Nähe und Distanz – ein überschaubares soziales Gefüge, wie man es zu Hause nur selten erlebt, das aber doch häusliche Formen rekapituliert.

Fragt man deutsche Urlauber nach ihren liebsten Beschäftigungen, so wird Ausspannen, Ausruhen am häufigsten genannt. Aber dann folgen gleich, noch vor allen Formen der Naturbegeisterung und sportlicher Betätigung, das Zusammensein mit anderen Menschen und auch neue Bekanntschaften. Oft verliert man sie nach den Ferien aus den Augen und aus dem Sinn, und vielleicht empfinden es deutsche Urlauber positiv, daß es sich nur um Nachbarschaften auf Zeit handelt, daß also die heimatliche Privatsphäre unberührt bleibt. Allerdings fällt die Neigung vieler Deutschen auf, im Urlaub immer an den gleichen Ort oder wenigstens in die gleiche Gegend zurückzukehren. Nicht nur die Besitzer von Häusern im Tessin oder in der Toskana haben eine zweite Heimat, sondern auch viele der anspruchsloseren Reisenden. Eigentlich ist schon der Begriff der „Reisenden" problematisch. Während sich viele ausländische Touristen, zumal die überseeischen, gerne von Landschaft zu Landschaft und von Sehenswürdigkeit zu Sehenswürdigkeit bewegen, überbrücken die Deutschen zwar weite Strecken, aber meistens nur, um dann für die Dauer des Urlaubs an einem Ort heimisch zu werden – Seßhaftigkeit auf Zeit.

Es geht nichts über die Gemütlichkeit

Das Wort „Gemüt" ist selten geworden. Wenn von jemandem gesagt wird, er oder sie sei ein Gemütsmensch oder ein schlichtes Gemüt, dann zielt dies im allgemeinen weniger auf Warmherzigkeit als auf fehlende Verstandesschärfe, und das freundliche Adjektiv „gemütvoll" begegnet fast nur in gehobener Rede, in Nachrufen beispielsweise. „Gemütlich" dagegen ist eine Vokabel, der man nicht entgehen kann – in der Werbung für alle möglichen Angebote nicht, aber auch nicht in der Alltagssprache, in der Vieles als gemütlich bezeichnet wird. Gelegentlich wird streng über die Dürftigkeit der Jugendsprache geurteilt, die sich mit Wörtern wie „geil" oder „cool" alle Differenzierungsmöglichkeiten erspart – aber die Sprache der Erwachsenen ist in diesem Punkt nicht viel besser, und „gemütlich" deckt eine breite Skala von Bewertungen und Befindlichkeiten ab. Es verleugnet allerdings die Abstammung vom Gemüt nicht ganz – gemütlich ist, was das Gemüt anspricht, was Zufriedenheit und eine gute Stimmung auslöst, ohne daß dem eine besondere Leistung vorausgegangen wäre. Nicht nur Bequemlichkeit ist gemeint, sondern ein Klima der Behaglichkeit, eine „anheimelnde" Atmosphäre, die eine besondere Gefühlsbindung erzeugt.

Es steckt ein Moment von Nostalgie in Gemütlichkeit; sie setzt Rückzug und Abschließung voraus – der Querverweis auf das Thema „Enge" muß kaum eigens hervorgehoben werden. Sucht man nach Örtlichkeiten, die unter Gemütlichkeitsverdacht stehen, so landet man bei immer kleineren Teilbereichen: Nicht der Wohnblock ist gemütlich, sondern das Haus, eigentlich auch nicht das Haus, sondern die Wohnung, und nicht die ganze Wohnung, sondern das Wohnzimmer, aber auch nicht das ganze Zimmer, sondern die Eckbank oder die Sofaecke. Und ganz entsprechend: Nicht der ganze Garten ist gemütlich, sondern ein Winkel im Garten oder eine halbversteckte Laube. Zu solchen Örtlichkeiten gehören bestimmte Requisiten, die ihrerseits Gemütlichkeit vermitteln sollen: Kachelofen, gedämpftes Lampenlicht, Sofakissen, Hauskleidung und Hausschuhe.

Auch die Gartenzwerge gehören dazu, die kleine Vorgärten in eine putzige Miniaturlandschaft verwandeln. Zum Kummer der deutschen Hersteller werden sie seit einiger Zeit in großer Zahl auch in einigen Nachbarländern produziert; aber die Hauptabnehmer sind immer noch die Deutschen. Ein Monopol auf Gartenzwerge haben sie freilich nicht und auch keines auf Gemütlichkeit. In englischen Wohnzimmern wird oft mit altmodischen Möbeln und viel Plüsch das Gefühl von *cosiness* erzeugt, und auch französisches *bien-être* verdankt sich oft einer gemütlichen Inszenierung. Wenn Gemütlichkeit als typisch deutsch betrachtet wird, heißt das nicht, daß sie sich streng an die nationalen Grenzen hält und anderswo nicht in Erscheinung tritt. Es heißt nur, daß sie in Deutschland mehr gehätschelt wird und daß wohl auch die objektiven Indizien dafür etwas häufiger sind als bei anderen Völkern.

Ende des 19. Jahrhunderts wandte sich der Philosoph Friedrich Theodor Vischer gegen den „Lebtag von der Gemütlichkeit"; er sei „sehr verdammenswert" und errege Überdruß. Vischer bezieht sich dabei speziell auf seine schwäbischen Landsleute; aber mit einigen Abstrichen läßt sich dieses Urteil auf die Deutschen insgesamt ausdehnen – und ebenso die Begründung, die er anbietet: Es gebe „keine Gesellschaft – denn verhockte Wirtshauskreise sind nicht Gesellschaft – kein Gespräch (…), kein geselliges, verbreitetes, Städte durchfliegendes Ventilieren neuer Dinge". Das sind Mängel, die bis heute nachwirken. Kein Gespräch – ist es Zufall, daß Eloquenz im Deutschen ein Fremdwort geblieben ist? Die Übersetzung mit dem deutschen Wort „beredt" klingt steif und künstlich, die negative Einschätzung „geschwätzig" dagegen ist durchaus gängig. Diese Einschätzung läßt sich weiter verfolgen in den Raum der Politik hinein; schon im 19. Jahrhundert und noch in der Weimarer Republik wurde das Parlament als „Schwatzbude" abgestempelt.

In Deutschland hatte sich in der zweiten Hälfte des 18. Jahrhunderts eine funktionierende bürgerliche Öffentlichkeit herausgebildet, etwas verspätet gegenüber den westeuropäischen Nachbarn, aber doch wirksam und auch politisch relevant: Die ersten Journale und Zeitungen brachten öffentliche Fragen ins Gespräch, und dieses Gespräch wurde lebhaft geführt in Lesegesellschaften, Vereinen, Wirtschaften und Kaffeehäusern. Aber dann setzte die politische Restauration ein; staatliches Handeln wurde immer dominanter, und das Bürgertum fügte sich in den obrigkeitlich gesetzten Rahmen ein. Dies brachte das Gespräch zum Verstummen – vorsichtiger gesagt: gab ihm den Charakter folgenloser und letztlich bedeutungsloser „Biertischpolitik". In die politische Realität verlängerte es sich nicht.

Im Verlauf des 19. Jahrhunderts bildete sich eine neue Qualität des Familienlebens heraus. In den bäuerlichen Haushalten und auch in denen städtischer Handwerker war das familiäre Leben in die Arbeit integriert; die notwendigen Verrichtungen auf dem Feld und im Stall beziehungsweise die anfallenden Aufträge zur handwerklichen Produktion oder Reparatur bestimmten auch den Alltag von Frauen und Kindern – man kennt die Bilder alter Handwerkerstuben, in denen der Meister an seiner Arbeit sitzt, die Frau Kunden bedient, die älteren Kinder dem Vater zur Hand gehen und die jüngeren im gleichen Raum spielend durcheinanderpurzeln: ein Ineinander von Beschäftigung und Spiel, die Familie als eine ganz auf die Arbeit eingestellte und ausgerichtete Einheit. Natürlich gab es auch Abweichungen von diesem Schema: Der Handelsmann, der frühmorgens in sein Kontor ging, oder der Schreiber, der seine Zeit in Amtsstuben absaß – sie ließen ihre Familien allein zurück. Im Verlauf des 19. Jahrhunderts wurde dies in mehr und mehr Berufen zum Regelfall. Die Bürokratie weitete sich aus; die Institutionen des Handels einschließlich der Finanzierungsinstitute breiteten sich aus; die kleinen Handwerksbetriebe erweiterten sich zu größeren, in sich geschlossenen Werkstätten; die Fabriken schließlich versammelten ein Heer von Arbeitern. Soweit die Frauen nicht selbst in den Produktionsprozeß eingespannt waren – und in den bürgerlichen Familien war dies nicht der Fall –, entstand eine eindeutige Funktionsteilung: Haus oder Wohnung und Familie, der ganze Reproduktionsbereich fiel in die Zuständigkeit der Frau. Es ergab sich eine „Polarisierung der Geschlechtscharaktere", wie es Karin Hausen ausdrückte; von der Frau wurde fortan erwartet, daß sie die häusliche Sphäre in guter und ungestörter Harmonie erhalte und verwalte. Man spricht – heute meist im Sinne ironischer Kritik – von den drei Ks, für welche die Frau zuständig war: Kinder, Küche, Kirche. Also für die Erziehung, für die Ernährung und sonstigen häuslichen Arbeiten und schließlich für die emotionale Seite des Lebens, für welche die Gemütlichkeit eine wichtige Rolle spielte.

Diese Entwicklung ist nun keineswegs nur eine deutsche. Es handelt sich um einen Prozeß, der sich zwangsläufig in allen Ländern und Gesellschaften ergab, in denen sich moderne Strukturen mit weitgehender Arbeitsteilung, großen Produktionsstätten und Bürokratien herausgebildet hatten. Was dieser Entwicklung in Deutschland einen besonderen Akzent und eine besondere Tiefenwirkung verlieh, war eben jener Verlust von bürgerlicher Öffentlichkeit, war die Tatsache, daß die Menschen weitgehend auf die Entfaltung privater Tugenden zurückgeworfen waren. Vergleicht man die französische Literatur des 19. Jahrhunderts mit der deutschen, so wird schnell deutlich, daß durch die deutsche ein Zug von Resignation geht. Die französischen Realisten stoßen mit ihren Romanen weit in öffentliche, auch politische Problembereiche vor; die deutschen Realisten ziehen sich weitgehend auf private Verwicklungen der ständischen Gesellschaft zurück und malen vielfach mit offenkundigem Behagen oder doch mit verständnisvollem Humor die kleine, die gemütvolle und gemütliche häusliche Welt ihrer Figuren aus. Bezeichnenderweise hat man ihren Werken das Etikett des „poetischen Realismus" verpaßt – poetisch heißt hier, daß die größeren politisch-gesellschaftlichen Spannungen ausgeblendet bleiben oder auf ein erträgliches Maß und den Maßstab des privaten, häuslichen Lebens zurückgeführt werden. Daß es auch andere, radikalere Ansätze in der deutschen Literatur gab, soll nicht verschwiegen werden – aber sie standen im Abseits und fanden bei weitem nicht das gleiche Echo.

Gemütlichkeit ist Ausdruck und spezifische Färbung des deutschen Rückzugs ins Private. In vielen Liedern steht die Gemütlichkeit im Mittelpunkt – manchmal in der Form, daß einfach das Behagen an einer kleinen geselligen Runde ausgemalt wird, manchmal aber auch so, daß Gemütlichkeit ausdrücklich als besonderer Wert genannt wird: „Es geht nichts über die Gemütlichkeit." Das Lied vom Ende des 19. Jahrhunderts mit dieser Anfangszeile taucht in den gedruckten Sammlungen verhältnismäßig selten auf, vermutlich deshalb, weil hier die Gemütlichkeit gleich in der zweiten Verszeile in nicht ganz jugendfreier Weise konkretisiert wird: „Wenn der Vater zu der Mutter in die Bettstatt steigt." Gesungen wurde und wird das Lied aber häufig.

Besonders deutlich wird die allmähliche Herausbildung von Gemütlichkeit, wenn man die Entwicklung des Festwesens im 19. Jahrhundert verfolgt. Zwar bildete sich, zumal nach der Reichsgründung, eine Reihe staatlicher Festtage und Feste heraus; aber auf der anderen Seite wurden viele traditionelle Feste ‚familiarisiert', wurden ganz in den Kreis der Familien einbezogen. An den wichtigsten Jahresfesten läßt sich diese Entwicklung ablesen. Ostern war bis weit ins 19. Jahrhundert hinein in erster Linie ein kirchliches Fest, das daneben aber auch mit Nachbarn, Freunden, Dorfgenossen gefeiert wurde, also im größeren Verband. Aber dann setzte die Familiarisierung ein; der Osterhase brachte den Kindern bemalte Eier und andere Geschenke – den Kindern der Familie und nicht etwa der ganzen Gemeinde. Noch deutlicher ist die Entwicklung beim Weihnachtsfest. Weil dieses Fest in eine wenig arbeitsintensive und außerdem kalte Jahreszeit fiel, die Vergnügungen im Freien nicht begünstigte, bildeten sich schon früh häusliche Elemente heraus – nach dem Kirchgang, der im Mittelpunkt stand, saß die bäuerliche Familie mit dem Gesinde zusammen. Aber ein Familienfest war Weihnachten nicht; dazu wurde es erst im 19. Jahrhundert. Der Gottesdienst in der Kirche, öffentliche Auftritte von Singgruppen oder andere Bräuche, die das ganze Dorf oder die ganze Stadt berührten, traten zurück hinter der Weihnachtsfeier zu Hause, bei der die Familie ein paar Weihnachtslieder sang, die Kinder dem strengen Vater unter dem Lichterbaum auswendig gelernte Gedichte aufsagten und sich dann schließlich auf ihre Geschenke stürzen durften. Das Stück, das gespielt wurde, hieß eigentlich nicht mehr Weihnachten, sondern – so hat es Utz Jeggle ausgedrückt – „die bürgerliche Idealfamilie", präsentiert in Ritualen der Gemütlichkeit.

Das Ideal der Gemütlichkeit bleibt aber nicht auf die Familie beschränkt. Man könnte auch sagen: Familie bleibt nicht auf Familie beschränkt. Es gibt im Deutschen die Tendenz, auch größere Einheiten als Familie zu verstehen, die Prinzipien der Nähe, der Harmonie und Gemütlichkeit also auch in soziale Formen hineinzutragen, die sehr viel komplexer sind als eine Familie und deren Mitglieder nicht ein für allemal feststehen. Das bekannteste Beispiel dafür ist die „Vereinsfamilie", die heute zwar nicht mehr in *jeder* Festrede vorkommt, die aber immer noch als erstrebenswert gilt. Der Verein soll mehr sein als eine bloße Zweckverbindung, mehr als ein formaler Zusammenschluß von Menschen mit ähnlichen Interessen. Im Verein soll ein Gefühl der Zusammengehörigkeit entstehen, das den jeweiligen Vereinszweck übersteigt; deshalb gilt die gemütliche Seite des Vereinslebens als ebensowichtig wie die speziellen Aktivitäten des Vereins. Auch der Begriff „Betriebsfamilie", der in der handwerklichen Organisation der frühen Industrialisierung einen realen Rückhalt hatte, ist noch nicht ausgestorben; und in der gelösten Atmosphäre von Festen werden manchmal Bürgerinnen und Bürger einer ganzen Stadt oder gar eines ganzen Landes als „große Familie" angesprochen.

In solchen Fällen wird „Gemeinschaft" gegen „Gesellschaft" ausgespielt – Gemeinschaft als eine ursprüngliche, nicht durch Organisation und Zwecksetzungen entstehende Verbindung. Der Gegensatz von Gemeinschaft und Gesellschaft, Ende des 19. Jahrhunderts von dem Soziologen Ferdinand Tönnies grundsätzlich und differenziert behandelt, spielt in deutschen Sozialkonzepten immer wieder eine wichtige Rolle. Dabei wird die Gemeinschaft als das Organische und Gewordene gegen die Gesellschaft als das Organisierte und Gemachte gestellt. Gemeinschaft hat es – angeblich – immer schon gegeben. Diese Betonung des Ursprünglichen unterscheidet die deutsche Gemeinschaftsrhetorik vom modernen, in Amerika ausgebildeten Kommunitarismus, der Aktivitäten gegen Vereinzelung und Egoismus entfaltet – der sich also gerade nicht auf Gemütlichkeit verläßt.

Drei Deutsche: ein Verein

„Drei Deutsche: ein Verein", sagt man. Eine pointierende Redensart, nicht unbedingt eine wissenschaftliche Aussage. Ein britischer Soziologe sagte über Wales das gleiche: Wo drei oder vier Waliser zusammensitzen, gründen sie ein Komitee. Und selbst von den Bewohnern der Vereinigten Staaten wurde behauptet, fast jeder sei Mitglied in vier oder fünf vereinsähnlichen Gesellschaften. Daß für bestimmte Zwecke regelmäßige Zusammenkünfte organisiert werden und daß die Geselligkeit, die Menschen außerhalb ihrer vier Wände suchen, in eine organisatorische Form gebracht wird, ist nichts Ungewöhnliches und tritt wohl in allen modernisierten Gesellschaften in Erscheinung. Trotzdem ist es nicht ganz zufällig, wenn das Bekenntnis zum Verein immer wieder als deutsches Charakteristikum herausgestellt wird – sei es, daß der „Idealismus" des Vereinsengagements gelobt oder daß die „Vereinsmeierei" kritisiert wird.

Die Statistik bestätigt die große Bedeutung des Vereinswesens in Deutschland. Allein die im Deutschen Sportbund organisierten Vereine haben etwa 23 Millionen Mitglieder. Der Deutsche Sängerbund umfaßt Vereine mit insgesamt fast zwei Millionen Mitgliedern, und auch der Deutsche Alpenverein und die regionalen Wandervereine zählen zusammen mehrere Millionen Mitglieder.

Dazu kommen viele kleinere Verbände und Vereinigungen – rund sechzig Prozent aller Erwachsenen sind in Deutschland zahlende Mitglieder in mindestens einem Verein. Freilich überwiegt in fast allen Vereinen die Zahl der ‚passiven Mitglieder‘ die der ‚Aktiven‘. Der Bürgermeister einer kleinen Stadt tut gut daran, Mitglied in allen möglichen Vereinen zu werden: vom Gesangverein bis zum Turnerbund, vom Kleintierzuchtverein bis zur Freiwilligen Feuerwehr, vom Wanderverein bis zur Kleingärtnervereinigung. Dies heißt aber natürlich nicht, daß er an den Aufführungen des Gesangvereins und an den Wettkämpfen der Turner aktiv teilnimmt, daß er Kaninchen züchtet und einen Kleingarten bewirtschaftet. Doch die Tatsache, daß Personen in gehobener Stellung, daß auch Geschäftsleute Mitglied in vielen Vereinen werden ‚müssen‘, sagt etwas über die Bedeutung der Vereine im kommunalen Leben aus.

Auf dem Dorf gilt vielfach die Gleichung: Dorfkultur ist Vereinskultur. Trotz der vergleichsweise günstigen und dezentralisierten Struktur der offiziellen Kultureinrichtungen kommt im allgemeinen doch kein Symphonieorchester und kein großes Theater ins Dorf – das kulturelle Leben ist ‚hausgemacht‘, es wird von den Einheimischen bestritten. Und in erster Linie sind es die Vereine, die gestaltend eingreifen: Wenn eine kommunale Feierlichkeit ansteht, tun sie sich zusammen und entwickeln ein gemeinsames Programm mit Festabend, Aufführungen, Umzug, Vergnügungsangeboten; oder sie bieten ihre Leistungen einzeln an – musikalische Darbietungen, Inszenierungen von Laientheatern, Bunte Abende, Weihnachtsfeiern. In den kleinen Städten ist es nicht sehr viel anders; auch hier wird ein wichtiger Teil des kulturellen Angebots von Vereinen bestritten. In den Großstädten treten die Vereine etwas zurück hinter dem Kulturbetrieb der professionellen Theater, Orchester, Museen, Galerien etc., aber auch hier gibt es ein dichtes Netz von Vereinsaktivitäten, das für die mittleren und unteren Bevölkerungsschichten großenteils wichtiger geblieben ist als das Angebot der ‚großen‘ Kultur.

Die Vereine erfüllen also wichtige Funktionen in der Gemeinde. Aber sie beziehen einen Teil ihres Prestiges auch aus der Tradition – aus der Tatsache, daß sie oft schon sehr lange existieren und daß sie deshalb aus dem öffentlichen Leben nicht mehr wegzudenken sind. Viele Vereine blicken auf ein ehrwürdiges Alter zurück.

Schon am Ende des Mittelalters entstanden neben religiösen Bruderschaften auch weltliche Selbsthilfeorganisationen, vor allem die Schützengesellschaften, die den Schutz der Städte garantieren sollten und die mit ihren Schützenfesten ein bürgerliches Gegenstück zu den Turnieren der Adligen erfanden. Ihre praktische Bedeutung ging in den letzten beiden Jahrhunderten kontinuierlich zurück wegen der Veränderung der Waffentechnik und wegen des Ausbaus militärischer Organisationen – aber als Traditionsvereine haben sich viele Schützengesellschaften gehalten, und die Schützenfeste, bei denen ein Wettbewerb darüber entscheidet, wer Schützenkönig ist, die aber auch die verschiedensten Volksbelustigungen bieten, sind in vielen Städten und Dörfern vor allem in Norddeutschland die wichtigsten Feste. In der Zeit der Aufklärung traten neue Vereine auf den Plan. Die herkömmlichen Strukturen sozialer Verbindung, bestimmt durch Verwandtschaft und Nachbarschaft, reichten nicht mehr aus. In den Städten wurden Bildungsvereine, Lesevereine u.ä. gegründet; in den Dörfern suchten landwirtschaftliche Gesellschaften und Vereine der bäuerlichen Bevölkerung neue, rationale Erkenntnisse über Getreidebau und Viehzucht zu vermitteln.

Die bis heute maßgebliche Welle der Vereinsgründungen setzte aber in der ersten Hälfte des 19. Jahrhunderts ein. In vielen Orten machten die Gesangvereine den Anfang; später folgten die Turnvereine. Diese beiden Vereinstypen waren wichtige Träger der liberalen und der nationalen Bewegung. Vor der Revolution von 1848/49 formierte sich in vielen Vereinen der Widerstand gegen undemokratische Herrscherwillkür; besonders die Turner standen im Verdacht, am politischen Umsturz zu arbeiten, so daß in den deutschen Staaten während der Restaurationszeit vorübergehend eine regelrechte „Turnsperre" ausgerufen wurde. Nach 1848 traten die liberalen Ideen zurück; um so nachhaltiger vertraten die Vereine jetzt den nationalen Gedanken. Am Beispiel der bürgerlichen Gesangvereine läßt sich der Beitrag zur kulturellen Formierung der Nation verfolgen. In Deutschland gab es zu jener Zeit zwar wirksame wirtschaftliche Verflechtungen (wie den 1834 gegründeten Zollverein) und auch politische Querverbindungen zwischen den Ländern, aber es gab noch keinen staatlichen Rahmen, keine politische Einheit der Nation. Die Gesangvereine verstanden sich als Wegbereiter dieser Einheit; der deutsche Gesang, so drückte es der Gründer des Deutschen Sängerbundes aus, sei „eines jener geistigen Bande, welche in dem viel geteilten deutschen Lande das Gefühl der Zusammengehörigkeit wach erhalten, die Einheitsidee nähren". Tatsächlich dominierten im Liedgut jener Zeit neben sentimentalen Naturgesängen „vaterländische Lieder". Aber der nationale Akzent wurde nicht nur in Liedern und Festreden zur Geltung gebracht, sondern auch dadurch, daß die Sänger (und ganz ähnlich die Turner) die Grenzen ihrer engeren Heimat überschritten und zu großen Festen mit den Vertretern anderer deutscher Länder und Regionen zusammentrafen. Im Jahr 1860 fand das erste Deutsche Turnfest, 1861 das erste Deutsche Sängerfest statt, beides also zehn Jahre vor der Reichsgründung. Mit ihr endete 1871 dieses offenkundige politische Mandat der bürgerlichen Vereine. Aber der Verein als örtlicher Kulturträger behielt seine Bedeutung, und in der Zeit bis zum Ersten Weltkrieg entstand eine ganze Reihe neuer Vereinstypen. Geschichts- und Altertumsvereine wandten sich der Lokalhistorie zu und trugen zur Gründung städtischer Museen bei. Verschönerungsvereine kämpften für die Einrichtung von Parkanlagen und für den Bau von Aussichtstürmen, Wandervereine traten für Natur- und Landschaftsschutz ein, Heimatvereinigungen kümmerten sich um die bäuerlichen Traditionen, und Lebensreformvereine propagierten neue Formen der Gesundheit und Erholung.

Politisch neutral waren auch diese Vereine nicht; sie verfolgten überwiegend konservative Ziele und dienten dem Ausbau der bürgerlichen Einflußsphäre. Seit den 60er Jahren des 19. Jahrhunderts standen die bürgerlichen Vereine dabei in Konkurrenz mit proletarischen Vereinen und Verbänden. Die Arbeiterschaft gründete eigene Turn-, Gesang- und Bildungsvereine, die den sozialistischen Parteien nahestanden. Ihre Aktivitäten unterschieden sich nicht durchgängig von denen der bürgerlichen Vereine. Die sportlichen Übungen waren ähnlich, und oft wurden die gleichen Lieder gesungen. Aber es gab auch Ansätze zu eigenen Akzenten. Im Sport wurden in den Arbeitervereinen anstelle des Wettkampfs gemeinsame Übungen in den Vordergrund gerückt; in den Arbeitergesangvereinen wurden neben dem romantischen Liedgut auch Freiheitslieder gesungen; und in den Arbeiterbildungsvereinen spielte neben Angeboten zur praktischen Weiterbildung die Vermittlung eines rationalistischen Weltbildes eine wichtige Rolle. Im

Jahr 1933 wurden die Vereinsorganisationen der Arbeiter sämtlich aufgelöst; nach 1945 hatten sie aufgrund der antikommunistischen Wendung der deutschen Politik wenig Chancen, waren vom Großteil der Bevölkerung aber auch nicht mehr gefragt. Als der deutsche Bundespräsident Theodor Heuss 1950 beim ersten Deutschen Turnfest der Nachkriegszeit ironisch anmerkte, es gebe „keinen proletarisch-marxistischen Klimmzug und keinen bürgerlich-kapitalistischen Handstand", erhielt er stürmischen Beifall.

Heute verstehen sich praktisch alle Vereine als politisch neutral. Dies schließt nicht aus, daß sich in der Ausdifferenzierung der Vereine immer noch politische und vor allem soziale Unterschiede abbilden. Schon in mittleren Städten gibt es meist zwei oder mehr Gesangvereine, von denen der eine Teil eher die örtlichen Honoratioren, Akademiker und Kaufleute versammelt, während sich im anderen eher kleine Angestellte und Arbeiter zusammenfinden. Auch der Vereinszweck verrät oft die soziale Zuordnung. Noch vor ein, zwei Jahrzehnten waren Tennisclubs ausgesprochen exklusiv. Inzwischen hat die Ausbreitung des Wohlstands, vermutlich aber auch der vor allem durch Boris Becker und Steffi Graf angeheizte modische Boom des Tennissports dazu geführt, daß sich die Zahl der Tennisabteilungen in den Sportvereinen und auch die spezialisierter Tennisvereine vervielfacht hat. Schon in Dörfern mittlerer Größe sind heute fast regelmäßig eine Tennisanlage im Freien und oft sogar eine Tennishalle zu finden. Wenn gelegentlich gesagt wird: „Alle spielen heute Tennis", ist dies freilich stark übertrieben; die Basis hat sich zwar beträchtlich erweitert, aber noch immer ist Tennis der Sport für eine finanziell gut gepolsterte Minderheit. Außerdem läßt sich beobachten, daß solche Popularisierungsschübe stets mit Absetzbewegungen beantwortet werden: Seit einigen Jahren sind eben nicht mehr Tennis und Reiten die Sportarten, die am meisten zur sozialen Distinktion beitragen, sondern es sind Squash und vor allem Golf, für das es bis vor kurzem nur ganz wenige Plätze gab, das sich aber neuerdings – freilich oft im Ringen mit engagierten Naturschützern – stärker ausbreitet.

Am Beispiel des Sports läßt sich verfolgen, daß die Vereine mehr und mehr die Funktion von Dienstleistungseinrichtungen für unsere Freizeitgesellschaft übernommen haben. Wo früher geturnt und vielleicht noch Fußball gespielt wurde, gibt es heute –

selbst in dörflichen Vereinen – eine Vielzahl von Sparten: Gymnastik für Frauen, für alte Menschen, Turnen für Kinder, Schwimmen, Tischtennis, Fußball, Handball, Volleyball, Basketball, Judo, Karate, Skifahren, Eislauf, Surfen – und so fort. Wo diese Angebote nur noch als Dienstleistungen abgerufen werden, verändert sich auch die Struktur des Vereins; die Mitglieder haben dann nicht mehr die gleiche emotionale Bindung an ‚ihren‘ Verein, wechseln wohl auch die Zugehörigkeit, und oft finden sich auch nicht mehr genügend Personen, die Trainings- und Organisationsaufgaben ehrenamtlich übernehmen. Tatsächlich ist eine Tendenz zur Professionalisierung und damit auch zur Ernüchterung des Vereinswesens unverkennbar.

Aber es ist nur eine Tendenz. In vielen, vermutlich in den meisten deutschen Vereinen gibt es nach wie vor eine auch gefühlsmäßig fundierte Anhänglichkeit der Mitglieder, eine Identifikation mit dem Verein, und der Verein ist mit seiner Vielzahl von Funktionen (vom Vorstand bis zum Kassier, vom Trainer bis zum Platzwart) nach wie vor „ein Übungsfeld für sozialaktive Persönlichkeiten", wie es ein Soziologe ausgedrückt hat. Politisches Handeln im engeren Sinn ist allerdings im Verein im allgemeinen nicht gefragt; dafür sind die Parteien und vereinzelt auch Bürgerinitiativen da. Insofern läßt sich die These verteidigen, daß die große Bedeutung der Vereine in Deutschland, ein Produkt der bürgerlichen Gesellschaft des 19. Jahrhunderts, nicht die politische Wachheit der Deutschen bezeugt, sondern eher ihre lang andauernde politische Ohnmacht und Neutralisierung.

Dies war schon ausgangs des 19. Jahrhunderts der Hintergrund der oft bissigen Kritik an der „Vereinsmeierei". Dem Vereinsmeier ist seine Mitgliedschaft oder sind seine Mitgliedschaften (in vielen Fällen sind es mehrere) ungeheuer wichtig. Er hält seinem Verein oder seinen Vereinen die Treue bis zur Bahre, und Beerdigungen sind in Deutschland manchmal Inszenierungen, in denen die Nachrufe und Kranzniederlegungen durch Vereinsvorsitzende den größten Raum einnehmen. Eine Grundüberzeugung des Vereinsmeiers ist in diesem Augenblick allerdings unwiderruflich widerlegt: daß er selbst im Verein unentbehrlich sei. Für ihn gibt es außerhalb des Vereins keine wichtigen Menschheitsfragen; der Verein ist für ihn die Welt. Jedenfalls ersetzt er ihm alle anderen Formen von Öffentlichkeit. Der Vereinsmeier ist eine komische

Figur, eine Karikatur. Aber es ist eine aus der Realität – der *deutschen* Realität – abgezogene Figur.

Natur und Geschichte

Als Carl Jakob Burckhardt 1954 den Friedenspreis des Deutschen Buchhandels verliehen bekam, rückte er in seiner Dankrede den Begriff „Heimat" in den Mittelpunkt. Heimat, sagte er, sei „ein Wort, das unser Sprachgeist erschaffen hat, das in anderen Sprachen nicht zu finden ist". Das ist eine Feststellung, die in Festreden führender Politiker immer wieder variiert wird, allerdings meist in der etwas vergröberten Fassung, das Wort Heimat sei unübersetzbar. Diese Annahme klingt einleuchtend, ist aber falsch. Es gibt durchaus Entsprechungen zu dem deutschen Wort Heimat. Daß sie nicht völlig deckungsgleich sind, ist richtig, gilt aber – wovon alle Übersetzer ein Lied singen können – auch für viele andere Vokabeln. Die These der Unübersetzbarkeit von Heimat läuft auf die Unterstellung hinaus, anderswo entwickelten die Menschen keine besonders innige Beziehung zu dem Ort, an dem sie aufgewachsen sind oder an dem sie leben. Das trifft ganz sicher nicht zu, auch wenn die Bindung nicht überall gleich stark und gleich beständig sein mag.

Was vom Begriff „Heimat" schwer übersetzbar ist, sind weniger die allgemeinen Gefühle persönlicher Aneignung eines Orts oder einer Landschaft. Es ist vielmehr die spezifische Färbung dieser Gefühle; es sind die romantischen Hypotheken des Heimatbegriffs, die in Deutschland eine besondere Rolle spielen. Bis ins 19. Jahrhundert hinein war Heimat ein zwar positiv besetzter, aber relativ nüchterner Begriff, der metaphorisch auch auf die durch die christliche Religion in Aussicht gestellte himmlische Heimat angewandt wurde, der aber vor allem den diesseitigen Besitz, die Sicherheit und die gewohnte Ordnung der Existenz meinte. Im Verlauf des 19. Jahrhunderts lösten sich die an das Wort „Heimat" anknüpfenden Vorstellungen immer mehr von der handfest-materiellen Basis. Heimat wird zum Kontrastprogramm der entstehenden Moderne, zum Gegenpol von Industrialisierung und Urbanisierung; Heimat wird jetzt in erster Linie festgemacht an der unbeschädigten, friedlich-harmonischen Natur.

Innerhalb weniger Jahrzehnte entstehen Dutzende von Heimatliedern, in denen sich Felder auf Wälder und Höhen auf Seen rei-
men und die im Kehrreim die Liebe zum Heimatland bekennen.
Das Heimatland – es kann ein ganzes Land sein, oft ist es auch
nur eine kleine Region – wird meistens genannt; trotzdem bleiben
die Lieder austauschbar. ‚Wo die Nordseewellen schlagen an den
Strand‘ ist ein friesisches Lied, das von blühendem Ginster im
Dünensand, von Möwenschrei und Sturmgebraus erzählt, aber es
ist nichts Besonderes, wenn eine Sangesrunde in durchaus meer-
freien und sogar alpinen Regionen dieses Lied als ein Heimatlied
unter anderen anstimmt. Das muß kein nationales Verbrüde-
rungsangebot vom Süden an den Norden sein, und die Erklärung
liegt auch nicht nur darin, daß bei allen derartigen Liedern
schmelzende Melodien den Text zurücktreten lassen. Die Lieder
sind austauschbar, weil es gar nicht so sehr um die konkrete Natur
in ihren spezifischen landschaftlichen Ausformungen geht, sondern um Natur überhaupt, Natur als das scheinbar Unberührte,
Gesunde, aber auch Geheimnisvolle.

Besonders deutlich wird diese Perspektive, wo der Wald besungen wird. Um 1890 entstand im Hunsrück das Lied von der
„Waldeslust" – eigentlich sollte man „Waldeslu-u-ust" schreiben,
um das Tremolo pathetischer Männerchöre anzudeuten. „Waldeslust, Waldeslust! O wie einsam schlägt die Brust! Ihr lieben Vögelein singt euer Liedelein und singt aus Herzenslust aus voller
Brust." Das ist gewiß kein poetisches Meisterwerk; aber es macht
den Gegensatz deutlich zwischen der Verlorenheit des Menschen
und der stimmigen Natur, die gleichzeitig verkleinert-niedlich
(Vögelein und Liedelein!) und kräftig-unbeschwert (aus voller
Brust!) erscheint. Auch in ungleich poetischeren Liedern bildet
der Wald einen Gegensatz zur Lebensart des Menschen, eine Zu-
flucht und einen Schutz gegen alles un-natürliche Getriebe. Joseph von Eichendorff faßt dies in die Verse:

> Da draußen, stets betrogen
> Saust die geschäft'ge Welt
> Schlag noch einmal die Bogen
> Um mich, du grünes Zelt.

Wald als Gegensatz zur geschäftigen Welt – diese Auffassung
dominiert. Das Waldgefühl schwankt zwischen idyllisierendem

Rückzug und inbrünstigem Aufblick. Eichendorffs grünes Zelt schließt nicht nur ab von der banalen Alltagswelt; es ist auch das Sinnbild einer höheren Welt: der Wald als natürliche Kirche.

Der deutsche Wald – das ist nicht dasselbe wie die Wälder in Deutschland. Es handelt sich nicht um eine geographische Größe, sondern um eine Gefühlsqualität, die sich erst spät herausbildete. Noch Ende des 18. Jahrhunderts betonten die Reisenden die dunkle und gefährliche Seite des Waldes – dann erst wurde er zum positiven Gegenbild. Diese Umkehrung spielte sich nicht nur in den Köpfen ab: Der Wald wurde jetzt wirksamer kontrolliert, und er wurde gepflegt und geordnet – der „deutsche Wald" ist auch das Ergebnis der durchgreifenden Forstverwaltung der beginnenden Moderne. Aber der Aspekt der Nutzung tritt zurück hinter einer romantischen Einstellung, die sicher nicht ganz für die Deutschen reserviert werden darf, die aber doch hier besonders populär ist. Der forstwirtschaftliche Ertrag in Frankreich ist mehr als doppelt so hoch wie der in Deutschland – ein Befund, den die meisten Deutschen wahrscheinlich mit einigem Erstaunen zur Kenntnis nehmen und möglicherweise schnell als Ergebnis von Raubbau charakterisieren. Ein inniges, herzliches Verhältnis zum Wald und zur Natur insgesamt suchen die Deutschen meist nur bei sich selbst: Hier sind die Gebirge durch schöne Wege erschlossen, hier gibt es die großen Wandervereine, deren Mitglieder an Sonntagen die Waldeinsamkeit übervölkern, hier erlauben zahlreiche Aussichtstürme einen Rundblick über die Landschaft, hier ist ungefähr ein Fünftel der Fläche als Naturschutzgebiet ausgewiesen, und hier hat man am frühesten und am intensivsten die Umweltschäden diskutiert.

Die Selbsteinschätzung der Deutschen hinsichtlich ihrer Einstellung zur Natur ist übertrieben; sie haben die Naturbegeisterung nicht gepachtet. Aber es ist richtig, daß die Diskussion um die Waldschäden in den Nachbarstaaten oft als Hysterie abgetan wurde; das emotional getönte Wort „Waldsterben" wurde bezeichnenderweise im Englischen und Französischen als Fremdwort übernommen, welches das Problem eher auf Distanz hielt. Es hat auch den Anschein, daß alles, was mit dem Etikett einer „natürlichen" Lebensweise versehen werden kann, in Deutschland eine breite Resonanz findet. Ergebnisse der Naturheilkunde ordnen sich hier nicht einfach in die Erkenntnisse der Medizin ein, sondern werden als „alternative Medizin" mit einem umfassenderen Anspruch versehen. Heilkräuter spielen in der Laienmedikation eine große Rolle, und exotische Naturheilmittel werden gerne gekauft. Zu vegetarischer Ernährung bekennen sich die Menschen häufiger und konsequenter als in der europäischen Nachbarschaft. Auch die Bewegung der Freikörperkultur hat in Deutschland ihren stärksten Rückhalt. Und in all den angeführten Bereichen ist nicht nur die Zahl praktizierender Anhänger groß, sondern die Praxis verbindet sich meist mit dezidierten, wenn auch diffusen Vorstellungen von Natur und Natürlichkeit.

Im Zeichen der Natürlichkeit sucht man in Deutschland auch das schnelle Rad geschichtlichen Wandels zu stoppen oder wenigstens zu bremsen. Die Mode ist ein Phänomen, das sich über den raschen Wechsel definiert. In Deutschland ist die Geschichte der Mode, ausgeprägter wohl als in vergleichbaren Ländern, begleitet von einer Geschichte der Modefeindschaft. Für diese gibt es ganz verschiedenartige Motive – puritanisch-religiöse: die Warnung vor weltlichem Prunk, volkswirtschaftliche: die Mahnung zur Sparsamkeit, soziale: die Abwehr der in der Übernahme von Moden zum Ausdruck gebrachten Geltungsansprüche unterer Schichten, ästhetische schließlich: gegen die Verwirrung der Maßstäbe durch die ständigen Veränderungen. Aber das Moment der Natürlichkeit ist nicht nur ein vorgeschobenes Motiv – im Vertrauen auf natürliche Formen der Kleidung sucht man dem hektischen Modebetrieb zu entkommen.

Der Einwand liegt nahe, daß sich auch anderswo nicht alle pausenlos den jagenden Moden unterwerfen; die amerikanischen Jeans, die seit einigen Jahrzehnten auch in Deutschland zu den gängigsten Kleidungsstücken gehören, sind ein gutes Beispiel für ein Angebot, das von Modewellen relativ unabhängig ist. In Deutschland spielen einfach geschnittene, an regionale Trachtenstücke angelehnte Textilien eine wichtige Rolle: im südlichen Landesteil beispielsweise Lodenmäntel, Janker, Lederhosen, Dirndlkleider. Man spricht von Trachtenmode, was erkennen läßt, daß die Modeagenturen auch über diesen Bereich verfügen; aber der Begriff „Tracht" zielt auf eine zeitlosere Gattung.

In Reiseführern und landschaftlichen Darstellungen deutscher Regionen fehlt fast nie ein Hinweis auf die Tracht, und Reiseprospekte sind nicht selten mit Farbfotografien attraktiver junger

Frauen oder Paare in der jeweiligen Volkstracht geschmückt. Hier in dieser Gegend, so werden die Bilder oft kommentiert, habe sich die alte Tracht bis heute erhalten. Aber der Gedanke, daß die ländliche Bevölkerung in früheren Jahrhunderten überall in bunten Trachten paradiert und promeniert habe, ist absurd. Für die meisten Menschen waren Trachten in der Art, wie sie heute zur Schau gestellt werden, gar nicht erschwinglich. Aus Nachlaßakten wissen wir, daß die Leute oft nur über ein oder zwei Garnituren von Kleidung verfügten, und es versteht sich von selbst, daß es sich dabei um einfache, karge, dauerhafte Kleidung handeln mußte und nicht um pittoreske Aufmachungen. Nur reiche Bauern und begüterte Patrizier leisteten sich schon früh eine Sonntags- und Festtagstracht, die übrigens in ihren Formen, Farben und Accessoires häufig Anleihen bei den höfischen Moden machte. Später wurden farbige Trachten als eine Art Abzeichen auch von einfachen Landleuten getragen, die damit Städtern zu gefallen suchten, mit denen sie – als Marktfrauen, Dienstboten, als Modelle für Genremaler oder auch als Huren – in Geschäftsverbindungen traten. Im Verlauf des 19. Jahrhunderts inszenierten die Herrscherhäuser Huldigungsauftritte ihrer Landeskinder in Trachten, die sich zwar zum Teil an örtliche Traditionen anlehnten, für den speziellen Zweck aber verschönt und weiterentwickelt wurden. Und schließlich entstanden, zunächst in Fremdenverkehrsgebieten, dann aber auch in anderen Regionen, Trachtenvereinigungen, die das Tragen der Tracht bei Umzügen, Tänzen und Aufführungen zum Vereinszweck erhoben. All diese epochalen Entwicklungsstufen und Besonderheiten treten aber im allgemeinen zurück, wenn von Tracht gesprochen wird. Sie symbolisiert für viele das Alte schlechthin, das Vormoderne, das Natürliche.

Es wäre gewiß lächerlich, den Deutschen pauschal historischen Sinn abzusprechen. Zum Kreis deutscher Wissenschaftler, die auch im Weltmaßstab Bedeutung haben, gehört eine ganze Reihe von Historikern und Geschichtsphilosophen. Und die Fachleute sind in Deutschland keineswegs isoliert – geschichtliche Darstellungen finden, wenn sie nicht zu speziell sind, eine große Leserschaft; historische Museen und Ausstellungen sind gut besucht; in Geschichtsvereinen sammelt sich ein interessiertes Laienpublikum. Auffallend ist bei diesen Aktivitäten, daß das Interesse im allgemeinen um so größer ist, je weiter sich die Gegenstände von der Gegenwart entfernen. Wenn bei der Behandlung der jüngsten Vergangenheit die Vortragssäle halb leer bleiben, wird dies kritisiert als mangelnde Bereitschaft, sich mit den Irrwegen des Nationalsozialismus auseinanderzusetzen. Das ist vermutlich nicht unbegründet; aber die Beobachtung gilt nicht nur für die historische Aufarbeitung der letzten Jahrzehnte. Die gescheiterte Revolution von 1918 findet ein geringeres Interesse als die von 1848 und 1849; die napoleonische Ära ist nicht so spannend wie der Dreißigjährige Krieg (der freilich für weite Teile Deutschlands fürchterliche Folgen hatte); die Epoche der Reformation kann nicht konkurrieren mit dem Glanz der staufischen Kaiserzeit; ganz zu schweigen von der Vorgeschichte, die für die historische Phantasie – und auch für historische Phantasien – besonders wichtig zu sein scheint. Am attraktivsten sind offenbar Themen, bei denen sich – manchmal zu Recht, oft zu Unrecht – lange Kontinuitätsstrecken unterstellen lassen: „Schon die alten Germanen …"

Wenn diese Beobachtung richtig ist, dann deutet sich bereits auf dieser Ebene ausdrücklichen Geschichtsinteresses an, was unterhalb davon ein wichtiges Merkmal ist: ein Bekenntnis zum Historischen, das nicht auf geschichtliche Veränderungen und Entwicklungen ausgerichtet ist, sondern das ein Sprung ist in eine unbestimmte Vergangenheit. In den organisierten Narrenvereinen, die in der Fastnachtszeit auftreten und deren karnevalistisches Treiben eigentlich der Fröhlichkeit von heute gilt, spielt dennoch das Schlagwort „historisch" eine zentrale Rolle. Die Masken werden als historisch bezeichnet; auf Fahnen, Standarten und Plaketten steht „Historische Narrenzunft" (auch „Zunft" ist eine historisierende Bezeichnung), und dann folgt meist eine Jahreszahl, die weit zurückführt. Sie ist nicht reine Erfindung, sondern im allgemeinen das Ergebnis mühsamer archivalischer Fahndungen: Irgendwann in den früheren Jahrhunderten taucht die Fastnacht in den alten Akten auf, beispielsweise als der Termin, an dem die zinspflichtigen Bauern von der Herrschaft mit Gebäck bewirtet wurden. Im Etikett „historisch" verschwinden aber diese konkreten Anknüpfungspunkte; es erweckt den Eindruck von Kontinuität und proklamiert eine eigene Würde, die von der tatsächlichen geschichtlichen Entwicklung relativ unabhängig ist. Mit dem Schlagwort „historisch" steigt man gewissermaßen aus der Geschichte aus.

Auch im Tourismus wird dieses vage historische Gefühl kultiviert und genutzt. Man hat das Wort „Histourismus" geprägt. Es umfaßt die Bemühungen, den aus der Ferne kommenden Gästen einen Durchgang durch die Ortsgeschichte zu vermitteln – aber wichtiger ist auch hier das ,Historische' in jenem unbestimmten Sinn. Es geht um die alte, die vorindustrielle Prägung, die gemessen an der modernen Entwicklung kräftiger, schlichter und natürlicher erscheint. Geschichte wird so der Natur angenähert, und dies ist beileibe nicht nur eine Inszenierung für die Fremden, sondern auch ein Moment der eigenen Erfahrung. In der traditionellen, sehr stark rückwärtsgewandten Heimatvorstellung begegnen sich Natur und Geschichte.

Ordnung ist das halbe Leben

Die Deutschen: romantisch veranlagt und rückwärtsgewandt, schwärmerische Anhänger der Natur und des Natürlichen, organisiert in Vereinen, zufrieden in der selbstgewählten, gemütlich ausstaffierten Enge, seßhaft und trinkfest. Die Relativität, die begrenzte Reichweite solcher Verallgemeinerungen muß nicht ständig hervorgehoben werden – natürlich passen die Deutschen nicht alle und nicht immer in dieses Bild; aber es ist ein Bild, das in der Realität eine gewisse Deckung hat. Dringlich erhebt sich jedoch die Frage, ob das Bild bisher nicht allzu bieder geraten und ob es nicht an der Zeit ist, den Weichzeichner wegzulegen. Tatsächlich sind die herausgestellten Eigenheiten nur dann diskutabel, wenn andere Züge hinzugefügt werden – vor allem diejenigen, von denen im einleitenden Teil unter dem Titel ,Die deutschen Tugenden' schon kurz die Rede war. Was unter dem Leitbegriff der „Ordnung" zusammengefaßt werden kann, ist eine wichtige Ergänzung.

Die Notwendigkeit dieser Ergänzung läßt sich ohne Umständlichkeit an den angeführten Sachverhalten demonstrieren. Die Wildheit der Natur hält sich in Grenzen; „die deutschen Wälder und Naturparks" sind nach der Einschätzung des Amerikaners Weatherford „mehr deutsch denn Natur: Schmale Pfade weisen einem überdeutlich, wo man sich zwecks Naturgenuß zu ergehen hat, und die Wälder sind mit eigens dafür gedachten Rastplätzen, kleinen Gasthäusern, Trimm-Dich-Pfaden und Hinweis-, Verbots- und Aufklärungstafeln gespickt, die auch die letzte noch zu beachtende Maßregel erklären". Auch die natürliche Lebensweise geht nicht nach Gefühl, sondern nach Plan; Kalorienzahlen und Annäherungen ans Idealgewicht spielen eine große Rolle, und die Erholungsflächen der Freikörperkulturfreunde sind im allgemeinen nicht nur strikt abgegrenzt, sondern unterliegen genauen Kontrollmaßnahmen – mit denen beispielsweise sichergestellt wird, daß sich keine Textil-Gäste einschleichen. Die Vereine sind nicht nur Stätten unbeschwerter Gemütlichkeit, sondern Organisationen mit einem strikten Reglement; die ‚Regularien‘ von der Wahl der vielen Funktionäre bis zum Kassenbericht und zur ausführlichen Etatberatung nehmen bei den Vereinsabenden einen großen Raum ein. Die dauerhafte Ansiedlung und Einrichtung auf engem Raum hat zu einer Vielzahl von Ordnungsmaßnahmen geführt; Streitigkeiten über Grundstücksgrenzen und Wegerechte beschäftigen noch immer die Gerichte. Außerdem hat sich eine intensive soziale Kontrolle herausgebildet; vor allem in den Dörfern wachen die Nachbarn oft streng darüber, daß die Ordnung eingehalten wird. Und auch die familiäre Gemütlichkeit ist im allgemeinen strikt geplant und geordnet – das reicht von festen Essenszeiten bis zum genauen Ablauf festlicher Rituale. Die Gemütlichkeit setzte die Ordnung nicht außer Kraft; die traditionelle Familienweihnacht demonstriert beispielsweise, wenn auch in freundlicher Herablassung, die unbedingte Autorität des Mannes gegenüber der Frau und der Eltern gegenüber den Kindern.

Beobachtungen aus anderen Bereichen schließen sich bruchlos an. Bürokratisierung ist ein allgemeines Merkmal moderner Gesellschaften; die komplexen Verhältnisse und gegensätzliche Interessen fordern für die Regulierungsmaßnahmen eine neutrale – vielleicht sollte man sagen: eine möglichst neutrale – Instanz. Auch die Klage über Behördenwillkür und die Beschwernisse der Bürokratie sind allgemein. Während sie in anderen Ländern aber oft auf den Widerspruch zwischen strengen Vorschriften und ihrer nachlässigen Handhabung zielen, betrifft die deutsche Klage eher die Überregulierung, den Perfektionismus und die Unerbittlichkeit der Prozeduren. Charakteristisch ist die Amtssprache, die nicht nur in ihrer unpersönlichen Form die Amtsautorität betont, sondern die aus dem Bestreben heraus, alles ganz genau zu regeln und keine Lücke in den Vorschriften zu lassen, auch oft unübersichtlich und unverständlich wird. Antrags- und Genehmigungsverfahren sind kompliziert und langwierig. Eine Witzgeschichte berichtet von einem Wettbewerb zwischen einem amerikanischen und einem deutschen Bauunternehmen: Beide beginnen gleichzeitig mit der Planung eines größeren Projekts. Nach einigen Wochen trifft ein Fax der Amerikaner ein: „Noch zehn Tage, und wir sind fertig." Es überkreuzte sich mit einem Fax der Deutschen: „Noch zehn Tage, und wir haben die Genehmigungen beieinander." Die Regulierungswut betrifft und trifft aber nicht nur Großprojekte, sondern reicht in sehr banale Alltäglichkeiten hinein. Deutsche Amerikabesucher registrieren oft erstaunt und erfreut, daß ihnen die im Supermarkt gekauften Waren zum Auto getragen werden. Ein Wirtschaftspolitiker merkte ironisch an, dies sei in Deutschland nicht nur wegen der Schwierigkeit tariflicher Einordnung solcher Tätigkeiten unmöglich, sondern auch deshalb, weil erst genau festgelegt werden müßte, wer für den Schaden haftet, wenn die Tüte platzt.

„Ordnungsamt", „Ordnungswidrigkeit", „Ordnungsstrafe", „ordnungspolitische Maßnahme" – könnte man nicht auch von solchen Wörtern behaupten, sie seien „unübersetzbar"? Sie spielen hier jedenfalls eine große Rolle, bezeugen, wie ernst der „Ordnungsauftrag" des Staats genommen wird. Aber Ordnung ist nicht nur ein öffentliches Prinzip, das jede einzelne Person in einem Netz von Vorschriften gefangenhält; es ist auch eine Norm, der sich die einzelnen ohne Zwang unterwerfen. Das meiste läuft nach Plan; Ausländer wundern sich darüber, welch intensive Studien von Terminkalendern und Stundenplänen ausgelöst werden, wenn sie Deutschen ein Treffen vorschlagen. Die Kunst der Improvisation ist wenig entwickelt. Selbst Karnevalsveranstaltungen, in denen Spontaneität und die zeitweilige Umkehrung geordneter Verhältnisse gefeiert werden, unterliegen einer minutiösen Planung. Natürlich hängt dies zum Teil mit den schwierigen Rahmenbedingungen zusammen: Ein Umzug mit Hunderten von aktiv Beteiligten und Tausenden von Zuschauern fordert logistischen Sachverstand und detaillierte Pläne. Aber es gibt genügend Hinweise darauf, daß sich die Planungswut immer wieder verselbständigt.

Im Zusammenhang mit dem Prinzip Ordnung muß auch das Verhältnis der Deutschen zu Tieren erwähnt werden. In fast der

Hälfte aller deutschen Haushaltungen lebt mindestens ein Haustier; das größte Kontingent bilden Katzen mit etwas mehr als 40 Prozent, dicht gefolgt von Hunden mit etwas weniger als 40 Prozent. Mit den Tieren, so könnte man zunächst annehmen, holen sich die Menschen ein Stück Natur, holen sie sich Unzivilisiertes, Unberechenbares, Spontaneität ins Haus. Aber abgesehen davon, daß sich die Unberechenbarkeit von eingesperrten Vögeln (immerhin in rund einem Zehntel der Haushalte vorhanden) und von Zierfischen (in rund einem Zwölftel der Haushalte) in Grenzen hält – auch die anderen Tiere sind meist entweder lebende Kuschelwesen oder pflichttreue Familienmitglieder. Das letzere gilt vor allem von den Hunden, die oft einer strengen Dressur unterzogen werden. Eine Sonderstellung nimmt der Deutsche Schäferhund ein, der durch seinen Einsatz in den KZ-Lagern zu einem dubiosen nationalen Symbol geworden ist, in der Zucht aber nach wie vor eine wichtige Rolle spielt. Bereits im Kaiserreich verglich ein Wortführer der organisierten Züchter die Dressur der Schäferhunde mit der Kindererziehung und der soldatischen Ausbildung; der Hund sollte durch systematisches Training in einer zentralen Lebensaufgabe gleichziehen mit den Menschen: Auch er sollte ein Garant der Ordnung sein.

„Ordnung hat Gott lieb." „Ordnung erhält die Welt." „Ordnung hilft haushalten." Im deutschen Sprichwortschatz nimmt die Ordnung einen wichtigen Platz ein. Das könnte freilich auch ein Argument dafür sein, Ordnung etwas tiefer zu hängen: Sprichwörter sind eine altertümliche Gattung, keine Vorgabe fürs heutige Dasein. Aber ganz so einfach ist es nicht. Das Sprichwort „Ordnung ist das halbe Leben" wurde von dem Schriftsteller Ludwig Harig noch gesteigert: „Ordnung ist das ganze Leben." Unter diesem Titel erzählt er Teile seiner Lebensgeschichte. Es handelt sich um eine Auseinandersetzung mit seinem Vater, der mit strengen Erziehungsmethoden auf den Sohn einzuwirken und ihn an Ordnung zu gewöhnen suchte. Das Thema fehlt auch in der Literatur anderer Sprachen nicht, die Vater-Sohn-Konstellation gehört zu den fruchtbarsten Erzählmotiven. In der jüngeren deutschen Literatur steht das Thema zudem oft stellvertretend für die Auseinandersetzung mit der nationalsozialistischen Vergangenheit. Aber auch wenn man all dies berücksichtigt, bleibt es auffallend, wie zentral die Frage der Ordnung für die deutschen

Schriftsteller und auch Schriftstellerinnen ist. Fast immer wird geschildert, wie ein sensibler junger Mensch – man kann in vielen Fällen ergänzen: die Autorin oder der Autor selbst – darunter leidet und manchmal daran zerbricht, daß alles dem Erziehungsziel Ordnung unterworfen wird und daß Disziplin, Fleiß, Pünktlichkeit, Genauigkeit, Sparsamkeit rigoros in den Dienst der Ordnung gestellt werden.

Ordnungsliebe, Fleiß, Leistungsfähigkeit, Disziplin, Sauberkeit nehmen bei Umfragen zur Selbsteinschätzung der deutschen Bevölkerung nach wie vor die obersten Ränge ein; und die Einschätzung von außen weicht nur wenig davon ab. Auch in diesem Fall spielt natürlich die jeweilige Einschätzung der eigenen Landsleute als kontrastiver Ausgangspunkt eine Rolle. Aus niederländischer, stark puritanisch bestimmter Sicht geraten die Deutschen – soweit dies ältere Umfragen belegen – leicht in ein anderes Licht; da ist dann nicht von ordnungsliebenden, sondern von ausschweifenden und unsauberen Deutschen die Rede. Aber im ganzen herrscht doch die Meinung vor, daß die Deutschen penibel und oft kleinlich auf Ordnung bedacht sind. Vor einigen Jahren kam eine türkische Professorin zu einem Gastvortrag an unsere Universität. Sie traf mit leichter Verspätung ein; ich fuhr vom Bahnhof direkt zu dem Gebäude, in dem der Vortrag stattfinden sollte. Der Hörsaal war ordnungsgemäß (*ordnungs*gemäß!) reserviert worden; aber irgend etwas war schiefgegangen: Der Hörsaal war besetzt, und die Vorlesung darin war bereits in vollem Gang, während die Interessenten für den Gastvortrag unsicher und unschlüssig draußen warteten. Mir war die Situation höchst peinlich, und ich legte mir im Kopf schnell umständliche Entschuldigungen zurecht, um die türkische Kollegin zu beschwichtigen. Sie aber reagierte mit ungespielter Heiterkeit: Die Abfertigung bei der Ankunft am Flughafen habe nicht geklappt, der Zug sei nicht pünktlich gewesen, und jetzt auch noch das Mißgeschick mit dem Hörsaal – und all das im Musterland der Ordnung, das offenbar im Begriff sei, sich eine neue Identität zuzulegen.

Es wäre leicht, weitere Anekdoten und auch verbindliche Belege dafür anzuführen, daß Deutschland als Hochburg der Ordnung angesehen wird. Das ist teilweise sicher auch das Ergebnis selektiver Wahrnehmung und einer perspektivischen Verengung. Das deutsche Fernsehen produziert eine Vielzahl von Krimis, die

in den verschiedensten Milieus angesiedelt sind und deren Perso-
nal ebenfalls keineswegs uniform ist; das ‚Ordnungspersonal‘, also
Kommissare und Polizisten, wird meistens mit kleinen Schwächen ausgestattet und erweist sich als flexibel bis an den Rand der
Kriminalität – als deutscher Botschafter dieses Genres gilt aber in
der halben Welt Kommissar Derrick in seiner monotonen Selbst-
disziplin. Diese Inszenierung bedient nicht *nur* ein Klischee, und
es wäre auch leicht, weitere Beispiele für tatsächlichen deutschen
Ordnungsfanatismus anzuführen. Schwierig ist es dagegen, über-
zeugende Gründe dafür zu finden.

Oft wird die Herausbildung strenger Ordnungsmaßstäbe mit
der Industrialisierung in Verbindung gebracht. Benjamin Franklins
Ausspruch *„Time is money“* gilt als Wegmarke dieser Entwicklung – die Organisation der Fabrik forderte und die Maschinerie
ermöglichte eine strenge mechanische Zeiteinteilung. Zweifellos
brachte die Industrialisierung einen starken Disziplinierungs-
schub; für die vom Land zugewanderten Arbeiter war die Umstel-
lung sehr belastend, und der häufige Wechsel der Arbeitsstätte in
den Anfangsjahren der Fabrikindustrie hing mit solchen Schwierigkeiten zusammen. Aber abgesehen davon, daß sich aus den
Vorgängen der Industrialisierung kaum eine deutsche Sonderstellung ableiten läßt – was oft unter dem Stichwort der „bürgerlichen Tugenden“ zusammengefaßt wird, hatte sich schon vorher
herausgebildet und wird heute eher als Voraussetzung und nicht
als Folge der wirtschaftlichen Revolution betrachtet.

Der Historiker Paul Münch hat eine Fülle von Belegen dafür
zusammengetragen, daß sich das Leitbild der Ordnung mit den
zugehörigen charakterlichen Anforderungen wie Fleiß, Selbstdis-
ziplin, Sparsamkeit, Genügsamkeit in den Jahrhunderten vor dem
industriellen Aufbruch entwickelt und verfestigt hat. Noch um
1600 paradieren die Deutschen im Nationenvergleich als extrem
unordentliche Zeitgenossen – hervorgehoben wird ihre Maßlosig-
keit, ihr Hang zur Trunkenheit und ihre Lebenslust. Dann aber
setzt ein Zähmungsprozeß ein, der überwiegend – in Deutschland
wohl stärker als anderswo – auf das Haus, auf die Ordnung und
Gesittung der Familie und des mit ihr zusammenlebenden Gesin-
des ausgerichtet ist. In Predigten, belehrenden Abhandlungen,
Fabeln, Gedichten und Sinnsprüchen wird gezeigt, wieviel Schaden Unordnung, Faulheit und Ausschweifung bringen und wel-

cher Segen in der Ordnung, der Emsigkeit und der bescheidenen Lebensführung liegt. Die christlichen Argumente arbeiten dabei ökonomischen Überlegungen zu und münden in dem Credo der Aufklärung: Ordnung ist vernünftig und nützlich.

Damit ist die Entwicklung knapp beschrieben – aber warum läuft sie in Deutschland auf eine manchmal fast pathologische Hochschätzung der Ordnung hinaus? Häufig werden, auf den Spuren Max Webers, Ordnungsstreben und Arbeitsgesinnung einseitig auf protestantisch-puritanische Einflüsse zurückgeführt. Der Akzent ist nicht falsch: In katholischen Landschaften herrscht zum Teil bis heute eine lässigere Auffassung von Ordnung und ein weniger rigider Umgang mit ihr. Aber abgesehen davon, daß sich das strengere Verständnis im Protestantismus erst allmählich herausbildete (Luther sah in der Arbeit, gut biblisch, einen Fluch), sind unter den Lobrednern von Ordnung und Fleiß auch zahlreiche katholische Autoren. Die deutsche Besonderheit liegt möglicherweise gerade darin, daß die fortwährenden konfessionellen Auseinandersetzungen beide Seiten zu einem pastoralen Wettstreit anspornten, der sich in moralischen Mahnungen und Maßnahmen äußerte. Bis zu einem gewissen Grad waren diese Bemühungen eng verknüpft mit den staatlichen Anstrengungen, ordentliche Verhältnisse und auch ordentliche Gesinnungen bei den Untertanen durchzusetzen. Gerade auch in den kleineren Territorien entstand schon früh eine einflußreiche Bürokratie, welche die epochalen Veränderungen überdauerte und mit allen Mitteln die gegebene Ordnung verteidigte. Friedrich List schilderte 1820 in einer Denkschrift, wie diese Ämterwirtschaft auf der Bevölkerung lastete: „Wo man hinsieht, nichts als Räte, Beamte, Kanzleien, Amtsgehilfen, Schreiber, Registraturen, Aktenkapseln, Amtsuniformen, Wohlleben und Luxus der Angestellten bis zum Diener herab." Lists Erklärung wurde ungnädig aufgenommen und legte den Grund für die Ausweisung des bedeutenden Nationalökonomen nach Amerika.

Die Abhängigkeit der Untertanen, aber auch deren weitgehendes Vertrauen in die Obrigkeit unterschieden die deutsche Gesellschaft von anderen westeuropäischen Staaten. Dort ging es bei der Herausbildung einer bürgerlichen Ordnung immer auch um politische Freiheitsrechte. In Deutschland standen diejenigen, die solche Rechte einklagten, auf verlorenem Posten. Im Agentenbericht eines deutschen Revolutionärs an das französische Außenministerium hieß es:

Das Volk ist in seiner Masse zu sehr an Abhängigkeit von den Geistlichen und Vornehmen gewöhnt, als daß es sich so leicht davon losmachen wird. Wenn es auch durch seinen Verstand einsieht, daß es Menschenrechte hat, so ist doch seine Einbildungskraft noch zu sehr von der Furcht, die man ihm bei dem ersten Unterricht unter der Maske der Gottesfurcht und des Gehorsams gegen die Obrigkeit eingeprägt hat, geschreckt, als daß es den Gedanken noch fassen könnte, sich frei zu machen.

Die Volksmasse war geschreckt – und die Meinungsführer setzten großenteils weiter auf die alte Ordnung und nicht auf die mögliche neue Freiheit. Der Pädagoge Johann Heinrich Campe publizierte einen ‚Väterlichen Rath‘ für seine Tochter, die Ordnungsliebe erlernen und den Wert der Ordnung erkennen sollte – „eine Ordnung für die Dinge, eine Ordnung für die Geschäfte und eine für die ganze Denkungs- und Handlungsart des Menschen". Es ist vielleicht etwas kurzschlüssig, wenn man das Erscheinungsjahr 1789 herausstellt und diesen Traktat als Gegenstück zur französischen Revolution begreift; väterliche Pädagogenratschläge liefen auch in Frankreich nicht unbedingt auf Umsturz hinaus. Aber in der Tendenz läßt sich der Gegensatz doch auf diese Weise verdeutlichen. Ein Jahrzehnt später lobt Kant an den Deutschen „Fleiß, Reinlichkeit und Sparsamkeit", fügt aber hinzu, daß der Deutsche „seinem Hange zur Ordnung und Regel gemäß, sich eher despotisieren als sich auf Neuerungen (…) einlassen wird." Wiederum einige Jahrzehnte danach – zu einem Zeitpunkt, in dem auch in den deutschen Staaten Teile der Bevölkerung gegen die herrschende strenge Ordnung zu rebellieren begannen – veröffentlichte der Frankfurter Arzt Heinrich Hoffmann seinen ‚Struwwelpeter‘, eines der erfolgreichsten Kinderbücher überhaupt, in dem in einer Reihe von gereimten Geschichten mit drastischen Bildern gezeigt wird, welch schlimme Folgen Ordnungsverstöße haben können. Ganz ähnlich waren auch die Lesestoffe der Schulen voll von Belehrungen über den moralischen Wert und den Nutzen ordentlichen Betragens.

Die Schule war aber nicht der einzige Ort, an dem Ordnung gelehrt und auch eingedrillt wurde. Ebenso wichtig war das Militär. Norbert Elias vertritt die These, daß die Schwäche der deutschen Staaten, die sie ständig zum Opfer fremder Truppen machte, „eine oft idealisierende Hochbewertung militärischer Haltungen und kriegerischer Handlungen" auslöste. Darüber kann man streiten, denn die Bevölkerung hatte auch unter den eigenen Soldaten zu leiden, und da diese je nach den dynastischen Interessen öfter die Seite wechseln mußten, wurden sie nur sehr bedingt zu Repräsentanten einer vaterländischen Gesinnung. Die nationalen Befreiungskämpfe Anfang des 19. Jahrhunderts aber bewirkten eine stärkere Identifikation der Bevölkerung mit der Truppe, und der Deutsch-Französische Krieg von 1870/71 erzeugte jedenfalls die „Hochbewertung militärischer Haltungen", die während des ganzen Kaiserreichs und zum Teil darüber hinaus maßgeblich blieb. Wer es zum Reserveoffizier gebracht hatte – und beim Ausbruch des Ersten Weltkriegs waren das etwa 120 000 Mann –, hatte auch im zivilen Leben enorme Einfluß- und Aufstiegsmöglichkeiten. Wie sehr die bürgerliche Ordnung auf militärische Personen und auf militärische Strukturen zugeschnitten war, hat Carl Zuckmayer in dem Drama ‚Der Hauptmann von Köpenick' kenntlich gemacht.

Die „Ordnungsliebe", längst vom Häuslichen ins Politische gewendet, war es auch, welche die große Mehrheit der Deutschen in die Arme der Nationalsozialisten trieb. Aus den Erinnerungen von Zeitgenossen wird deutlich, daß geplante und dann auch durchgeführte Ordnungsmaßnahmen der Partei Wähler und Sympathisanten zuführten und daß auch bei den weiterreichenden machtpolitischen Zielen des Regimes stets der Gedanke der Ordnung und Neuordnung in der Propaganda herausgestellt wurde. Der Ordnungsgedanke wurde auch noch den grausamsten Aktionen unterlegt. „Arbeit macht frei" stand über dem Eingang von Konzentrationslagern – ein ungeheurer Zynismus für die Häftlinge. Daß diese Parole an diesem Ort angebracht wurde, erklärt sich daraus, daß auch diese Lager Bestandteil einer ‚Ordnung' waren, die in der systematischen Vernichtungsstrategie gegenüber allen, die aus dieser Ordnung ausgegrenzt waren, ihren Höhepunkt fand.

Man hätte eigentlich erwarten können, daß damit ein emphatischer und intoleranter Ordnungsbegriff für die Deutschen erledigt ist. Dies ist nicht unbedingt der Fall. In der Wahlpropaganda schieben sich zwischen vernünftige Ordnungsperspektiven (schließlich ist Chaos kein besonders verlockendes Ziel) immer wieder einmal Versprechen, die Ordnung in bestimmten Berei-

chen um jeden Preis durchzusetzen; und der Ausspruch „Das wäre unter Adolf nicht möglich gewesen!" ist leider nicht immer
flapsige Ironie. Bekanntlich mußte ein deutscher Ministerpräsi-
dent nicht nur deshalb zurücktreten, weil er als Militärrichter
kurz vor Kriegsende einen Matrosen exekutieren ließ, der sich
seiner Ansicht nach „gegen Zucht und Ordnung" aufgelehnt hatte, sondern auch deshalb, weil er die Meinung vertrat, was damals
Recht war, könne heute nicht Unrecht sein. In solchen Äußerungen lebt nicht nur der Geist des Nationalsozialismus fort; sie
stammen aus einer älteren Tradition, die in Deutschland Recht
und Ordnung immer wieder einmal über Gerechtigkeit stellte.

Verstehen sie Spaß?

‚Verstehen Sie Spaß?' – eine Fernsehsendung, in der eine ‚Ver-
steckte Kamera' (so der Titel einer vergleichbaren Sendung) Menschen in schwierigen Situationen und angespannter Verfassung
beobachtet und ihre Reaktionen einem großen Publikum preis-
gibt. Der fast noch fabrikneue weiße Pkw wird zur Reinigung ab-
geliefert und kommt mit einer pinkfarbenen Karosserie aus der
Waschstraße; auf einem einsamen Gebirgspfad verlangen unerbittliche Wächter von Wanderern eine hohe Mautgebühr; die seit
langem vorbestellte Suite im vornehmen Urlaubshotel ist belegt
und kann nur durch eine verrottete Besenkammer ersetzt werden
– alles Zumutungen, in denen auch gelassene Menschen aus der
Haut fahren und bis zur Aufklärung der Intrige ihre Wut kaum
zurückhalten können. Die Sendung ist sehr beliebt, und manche
sagen, sie sei es deshalb, weil hier die spezifische Richtung deutschen Humors eingeschlagen werde: Schadenfreude kommt auf;
das Lachen gilt nicht nur den inszenierten Vorgängen, sondern es
ist gleichzeitig ein Auslachen, boshaft von oben herab. Aber Vorsicht! Dieser Sendungstyp kommt, wie viele und zumal die unter-
haltenden Fernsehformate, aus Amerika; die Leute, die in die
Problemsituationen manövriert werden, sind großenteils Prominente; und sie verlieren durch die Szenen nicht an Reputation,
sondern werden dafür bewundert, daß sie die Übertölpelung
letztlich nicht übelgenommen und ihre eigene Demaskierung zur
Ausstrahlung freigegeben haben.

Die generelle Frage ist damit weder nach der einen noch nach der anderen Seite geklärt: Verstehen sie Spaß, die Deutschen? Daß die Frage so eigentlich nicht gestellt werden darf, liegt auf der Hand; niemand wird ernstlich behaupten wollen, es gebe nur griesgrämige oder es gebe nur fröhliche Deutsche. Wenn gesagt wird, die Deutschen seien humorlos – und das ist immer wieder einmal zu hören und zu lesen –, dann ist damit gemeint, daß Menschen, die den Alltag und auch nichtalltägliche Widrigkeiten in heiterer Ironie bewältigen, in Deutschland eher aus dem Rahmen fallen. Ernst ist das Leben – und es gilt eher als Ausnahme, wenn sich jemand mit der Kunst der Heiterkeit darüber hinwegsetzt.

Immerhin wird die Etikettierung „humorlos" nicht als Lob, sondern als Vorwurf empfunden, und so gibt es immer wieder Anläufe, das Pauschalurteil zu entkräften durch Gegenbeweise. Da wird etwa die große Zahl der in Umlauf befindlichen *Witze* angeführt – Witze, die in der Kneipe ausgetauscht werden, Witze in Zeitungen und Zeitschriften, gesammelte Witze in Heften und Büchern. Viele der Witze sind *regional* kodiert. Das ist auch in anderen Ländern keine Seltenheit; aber wahrscheinlich ist es in Deutschland etwas ausgeprägter. ‚Interethnische' Witze spielen auch nach der massiven Zuwanderung im Zuge der Arbeitsmigration keine dominante Rolle. Vielleicht muß es heißen: *noch* keine dominante Rolle, wenn man die Fülle der *ethnic jokes* in Nordamerika betrachtet, wo sich spätestens seit dem Beginn des 20. Jahrhunderts viele Bevölkerungsgruppen nach ihrer Herkunft zusammenschlossen und wechselseitig als Zielscheibe für aggressiven Spott dienten. Aber die Verhältnisse in den USA sind wesentlich bunter als hier, und außerdem scheinen die Deutschen nach wie vor damit beschäftigt, die tatsächlichen oder vermeintlichen regionalen Unterschiede in ihren Witzen zur Geltung zu bringen.

Was archaisierend als „Stammesspott" bezeichnet wird, Frotzeleien und Sottisen zwischen den Bewohnern verschiedener deutscher Länder und Landschaften, ist ein wichtiger Bestandteil des Witzrepertoires. Meistens handelt es sich um Spötteleien zwischen Nachbarn; ein Beispiel sind die von Badenern genüßlich erzählten ‚Schwabenwitze', die seit der Vereinigung von Baden und Württemberg noch an Schärfe zugenommen haben. Aber der Spott funktioniert auch über größere Entfernungen. Der Preuße (meistens: der Berliner), der sich während seiner Sommerfrische in den bayerischen Alpen arrogant und ahnungslos über landwirtschaftliche Gegebenheiten äußert, war schon Ende des 19. Jahrhunderts ein Lieblingsthema der Witzjournale – nicht nur, weil damit der neue Typus des großstädtischen Touristen karikiert werden konnte, sondern auch, weil darin die Gegnerschaft zwischen Bayern und Preußen aufgehoben war, die durch die preußisch bestimmte Reichsgründung eher noch angestachelt wurde. Die Sachsen lassen sich überall in Deutschland als Witzfiguren vermarkten; schwache Humoristen machen davon seit der deutschen Wiedervereinigung regen Gebrauch, indem sie in allen möglichen und unmöglichen Zusammenhängen den sächsischen Dialekt parodieren. Die exponierte Stellung der Sachsen in der Komik ist aber kein Produkt der jüngsten Entwicklung. In der DDR-Zeit machte man sich, wenn Sachsenwitze erzählt wurden, unausgesprochen auch über die Regierungsinstanzen lustig, die von sächsischen Amtsträgern durchsetzt waren und in denen ein sächsisch angefärbtes Deutsch zur neuen Hochsprache zu werden drohte. Aber auch schon vorher war sächsische Lebensart und war zumal der sächsische Dialekt eine sichere Garantie für komische Effekte, gleich ob im Schlager („Max, wenn Du den Dango danzst …") oder in billigen Verwechslungswitzen (Der Unterschied zwischen Römern und Griechen? Aus Römern kann man trinken. Darauf der Sachse: Und warum soll man nich aus Griechen dringgen gönnen?). Warum gerade das Sächsische so stark ins Licht des Komischen geriet, ist nicht eindeutig geklärt. Herbert Schöffler, der eine ‚Kleine Geographie des deutschen Witzes‘ schrieb, spricht von der ideologischen Fruchtbarkeit der Sachsen, wobei er wohl kaum an die marxistischen Botschaften der Nachkriegszeit dachte, sondern an die geistige und künstlerische Führungsrolle von Leipzig, Dresden und Weimar zwischen dem 17. und 19. Jahrhundert. Weiter ist an die Pionierrolle in der Industrialisierung zu erinnern. Man schaute auf Sachsen mit einem gewissen Neid – und mit kompensatorischen Überlegenheitsgefühlen, nachdem der alte Glanz verblaßt und Sachsen eher zu einem Hort bürgerlicher Gemütlichkeit geworden war.

Bei solchen Herleitungen geht die Rechnung aber nie ganz auf – es hat den Anschein, daß sich der Witz manchmal fast zufällig auf ein ‚Opfer‘ stürzt und die so hergestellte komische Beziehung dann bis zur Erschöpfung ausbeutet. Das beste Beispiel dafür bilden die ‚Ostfriesenwitze', die ungefähr seit 1970 in Umlauf sind und sich so lange kaninchenhaft vermehrten, bis sich neue Witztypen, beispielsweise Blondinenwitze, anboten. Schon dieser Ablösungsprozeß beweist, daß der Witz dieser Witze nicht in der Stammescharakteristik liegt, auch wenn es nicht *ganz* zufällig ist, daß ein eher wortkarger und von den Segnungen der Moderne jedenfalls nicht überfluteter Menschenschlag zum Urheber naiver Äußerungen und komischer Taten gemacht wurde. Lanciert wurden die Ostfriesenwitze zuerst – wenn man vereinzelten Berichten glauben darf – von Moderatoren des Bremer Rundfunks, die sich an einer dänischen Entsprechung, den Aarhus-Witzen, orientiert hatten. Dies weist seinerseits darauf hin, daß regionale Witzgestalten nicht dafür bürgen, daß sich in ihnen der Regionalcharakter kristallisiert: Schilda liegt überall.

In vielen Ländern (wahrscheinlich kann man sogar mit nur leichter Übertreibung sagen: überall auf der Welt) wurden und werden Ortschaften verspottet, die sich angeblich durch die Dummheit des Rats und der Bürger auszeichnen. In Deutschland sind diese Orte besonders zahlreich, und es ist wohl auch nicht zufällig, daß die Schildbürgergeschichten hier weite Verbreitung fanden: In den engen und kleinen Gemeinwesen mit ausgeprägten und ängstlich verteidigten Herrschaftsstrukturen (man denke an Reichsstädte, die in ihrem Gebiet nur wenige hundert Einwohner, aber eine eigene Gerichtsbarkeit hatten) waren kuriose Fehlentscheidungen immer wieder möglich. Der Erfolg des Volksbuchs von den Schildbürgern weist aber auch darauf hin, daß die Leute damals aufgeschlossen waren für lustige Perspektiven. Schwankbücher gehörten zu den Verkaufsschlagern, und mit den Streichen Eulenspiegels hatte die deutsche Literatur einen erfolgreichen Exportartikel aufzuweisen. Geschliffene Pointen wie in den Scherzreden italienischer Humanisten kannte man hier kaum, und ein Vergleich von Johann Fischarts ausladenden Erzählungen mit seinem Vorläufer und Vorbild Rabelais zeigt die überlegene stilistische Raffinesse des Franzosen. Aber ein handfester, manchmal grobschlächtiger, meistens gutmütiger Humor gehört zentral ins Bild jener Übergangsepoche vom Mittelalter zur Neuzeit, in der sich in Deutschland ein kräftiges und einflußreiches Stadtbürgertum etablierte.

Verfolgt man die Literaturgeschichte weiter durch die Jahrhunderte, so ergibt sich in Sachen Humor eine sehr viel dürftigere Bilanz. Hans-Dieter Gelfert hat diese Bilanz auf der Grundlage eines detaillierten Vergleichs mit der englischen Literatur gezogen. Seine These: „Je stärker in einer Nation die bürgerliche Gesellschaft ausgeprägt war, um so größeren Raum nahm in ihr das Lachen ein." In Deutschland kann sich eine freiheitlich verfaßte Bürgergesellschaft nicht entfalten; man kann auch sagen: Den Deutschen verging das Lachen in der Bedrängnis großer Kriege, in der Not der Zwischenkriegszeiten und in ihrer abhängigen Stellung als Untertanen. Zumindest verging ihnen das übermütige Lachen; Grimmelshausens Schelmenromane aus dem großen Krieg sind ein Beispiel dafür, wie freie Abenteuerlust und quasi-nihilistische Heiterkeit an moralisch-religiöse Normen rückgebunden werden. Was in Deutschland kultiviert wird und Erfolg hat, ist einmal der didaktische Humor im Stil von Wilhelm Busch, der menschliche Schwächen karikierend anprangert, und es ist zum anderen ein resignativer Humor, der zwar die Unvollkommenheit der Verhältnisse erkennt und daraus komisches Kapital schlägt, sich aber letztlich lächelnd mit dieser Unvollkommenheit abfindet.

Das ist zunächst aber eher ein literarischer als ein gesellschaftlicher Befund. Wenn Deutsche als humorlos bezeichnet werden, dann basiert dies ja in der Regel nicht auf einem eingehenden Literaturstudium, sondern es zielt auf die fehlende Leichtigkeit und Lockerheit im alltäglichen Umgang. Die Inflation gängiger Witze widerlegt dies keineswegs. Es gibt witzlose Witzsammler; unter denen, die Witze abspulen, sind manche „Einfallspinsel" (um die Wortprägung von Karl Kraus zu verwenden), und Witzrunden sind trotz Lacheffekten oft eher anstrengende als heitere Rituale. Und manchmal ragt verbissener Ernst verräterisch in die Domäne des Witzes hinein. Der deutsche Kaiser kommentierte den witzigen Trick des ‚Hauptmanns von Köpenick' mit den Worten: „Da kann man sehen, was Disziplin heißt!" Die Karnevalsveranstaltungen, ursprünglich Parodien militärischen Komments, sind längst zu streng geordneten Programmfolgen geworden, in denen die Vereinshierarchie militärisch ernst genommen wird. Und ein letztes Beispiel: Heinrich Böll warnte seinen polnischen Kollegen Thadäusz Nowakowski davor, bei seinen Auftritten in Deutschland einen Witz zu erzählen. Der würde zwar mit Beifall quittiert – aber bald werde sich jemand im Saal zu Wort melden und fragen: „Was wollen Sie eigentlich damit sagen?"

In dieser Anekdote deutet sich an, welchen Sicherheitsgurt die Deutschen anlegen, wenn sie sich den Unwägbarkeiten des Komischen aussetzen. Humor ist nicht verboten, er ist sogar erwünscht; aber er sollte entweder vom Ernst des Lebens klar abgegrenzt sein oder aber der Lösung ernster Fragen zuarbeiten. Ironie ist in Deutschland wenig gefragt. Man hat sie als „uneigentliches Sprechen" definiert – Deutsche pochen eher auf das Eigentliche: Wenn man wissen will, woran man ist, erscheint eine Redeweise, die zwischen Ernst und Unernst pendelt, problematisch. Der spielerische Umgang mit der Mehrdeutigkeit und Unberechenbarkeit der Realität ist nicht sehr ausgeprägt. Das hängt wohl auch damit zusammen, daß die Geselligkeit, die leichte Unterhaltung ohne höheren Zweck wenig kultiviert wurden – Small talk wird zwar praktiziert, aber nicht unbedingt als positives Bindemittel der Gesellschaft respektiert. Hans-Dieter Gelfert hat darauf hingewiesen, daß englische Humoristen ihre unsäglichen Scherze mit todernster Miene vortragen, während deutsche Komiker in aller Regel durch breites Grinsen sicherstellen, daß man sie in die richtige Kategorie einordnet, daß also gelacht werden darf und soll. Jerome K. Jerome nutzt diesen Unterschied in seinem Roman ‚Three men in a boat', der seit hundert Jahren auch in deutscher Sprache verbreitet ist, zu einer heiteren Pointe: Zwei junge Männer präsentieren einen Sänger, der – so behaupten sie – ein unglaublich komisches deutsches Lied mit traurig-pathetischem Gesichtsausdruck vortrage; die englischen Zuschauer amüsieren sich köstlich und quittieren den Vortrag mit lautem Gelächter – womit sie den Sänger tief verletzen, denn tatsächlich handelt es sich um ein tragisches Lied, bei dessen Wiedergabe, wie er betont, der deutsche Kaiser geschluchzt habe wie ein Kind.

Eine in den zwanziger Jahren veröffentlichte umfangreiche Sammlung ‚Deutscher Humor aus fünf Jahrhunderten' leitet der Herausgeber mit der beruhigenden Feststellung ein, er wolle die wenigen Seiten seines Vorworts „nicht mit vielspältigen Definitionen des Humors beladen". Dann aber wendet er sich doch den „Hintergründungen des Komischen" zu und schreibt: „Vielen bedeutet der Humor kaum Tieferes als eine plauderfrohe Selbstbehaglichkeit, die sich in den vier Wänden einer in ihrer Problematik nirgends hinterdachten Welt geborgen fühlt und sich gutmütig über die Mißhelligkeiten, welche der Alltag über ihre Schwelle schwemmt, hinwegscherzt." Mit so gewichtigen Worten ist klargestellt, was vom deutschen Humor in erster Linie verlangt wird: Tiefe. In ‚Wilhelm Meisters Lehrjahre' bezeichnete es Goethe als „Charakter der Deutschen, daß sie über allem schwer werden, daß alles über ihnen schwer wird". Auch die Auffassung des Humors neigt zur Schwere; was leicht daherkommt, steht im Verdacht unverbindlicher Oberflächlichkeit. Schon Lessing versah deshalb seine Sinngedichte mit einer Mahnung an den Leser:

Du, dem kein Epigramm gefällt,
Es sei denn lang und reich und schwer:
Wo sahst Du, daß man einen Speer
Statt eines Pfeils vom Bogen schnellt?

Auf der anderen Seite säte Lessing selber Mißtrauen gegen das Leichte: In seinem Drama ‚Minna von Barnhelm' zeichnet sich der redliche deutsche Major Tellheim dadurch aus, daß er jedes Wort abwägt, während der französische Höfling Riccaut de la Marlinière in seinem oberflächlichen Redeschwall nicht zu bremsen ist. Witz war damals noch die Entsprechung des französischen *esprit*, und davor wurde gewarnt: „Wehe dem Land, wo Witz mehr gilt als Verstand!" schrieb Schubart im Jahr 1789. Die Forderung nach tiefem, ja man kann paradox formulieren: nach ernstem Humor fügt sich ein in die deutsch-französische Opposition, die bei der Formung des deutschen Selbstbildes eine große Rolle spielte.

Die Überlegungen zu Spaß, Witz, Humor münden notgedrungen in Seitentrakten des Ordnungs-Diskurses. Der deutsche Hang zur Gründlichkeit und zum Grundsätzlichen bildet eine gewisse Sperre gegenüber dem lockeren Umgang mit Mißverständnissen und Mißverhältnissen, aus denen Komik erwächst. Die französische Dolmetscherin und Diplomatin Brigitte Sauzay macht sich lustig über die Sucht der Deutschen, alles genau zu definieren – schon diese Tendenz zur präzisen Bestimmung, Zuordnung und Einteilung reduziert die Chance für heitere Zwischentöne. Tiefe ist gefragt und Sinn, am besten kombiniert: Tiefsinn: Was nur unterhaltend ist, gilt nicht viel. Erfolgreiche Unterhaltungsromane werden im anspruchsvollen Feuilleton nur in Bestsellerlisten genannt, aber nicht besprochen. Heitere Fernsehserien werden zwar auch von Akademikern verfolgt; aber ihre Kommentare dazu sichern sie durch die Behauptung ab, sie seien nur zufällig in den falschen Kanal geraten. Diese Distanzierung hat Geschichte: Die „Massenkultur" wurde kritisiert und bekämpft, breitete sich aber dank neuer technischer Möglichkeiten und dank der wachsenden Freizeit unaufhaltsam aus. Auch der wiederholt unternommene Versuch, den Begriff „Freizeit" zu reservieren für ‚sinnvolle' Tätigkeiten, also vor allem für seriöse Bildungsbemühungen, hatte praktisch keine Chance.

Zweifellos bietet der in solchen Tendenzen sich ausdrückende Rigorismus selbst einen Ansatz für humoristische Perspektiven; es schwimmen ja nicht alle im Mainstream mit, und es gab immer wieder kritische Köpfe, die moralische Enge, Ordnungsfanatismus und Prinzipienseligkeit satirisch aufspießten. Gehört zu einer Auseinandersetzung mit deutschem Humor nicht auch eine Würdigung Heinrich Heines, muß nicht an Poeten wie Ringelnatz, Kurt Tucholsky und Erich Kästner erinnert werden? Und widersprechen nicht der Erfolg von Robert Gernhardt, die fortdauernde Bedeutung des Kabaretts und die Freude an den in vielen Zeitschriften und Zeitungen abgedruckten bissigen Karikaturen dem humorlos angebrachten Etikett Humorlosigkeit?

Ich räume ein, daß das von mir skizzierte Bild die eine oder andere freundliche Korrektur verlangt. Aber sie gelingt nicht ohne weiteres mit der Nennung einiger Außenseiter. Es *sind* Außenseiter. Für Heine braucht dies nicht umständlich bewiesen zu werden; bei Ringelnatz, Tucholsky und Kästner zeigt ein Blick in seriöse Literaturgeschichten, daß sie keineswegs als ‚richtige Dichter' betrachtet werden, sondern als Literaten, Journalisten, Versemacher. Anders verhält es sich mit den Humoristen unserer Tage. Sie schreiben, agieren und zeichnen für eine Gesellschaft und eine Generation, für die gelegentlich die Frage aufgeworfen wird, ob sie überhaupt etwas anderes als Spaß versteht. Davon wird im abschließenden Teil ausführlicher die Rede sein.

III. Symbole und Symbolgestalten

Deutsche Farben, deutsche Hymnen

Unter rechtlichen Aspekten läßt sich die nationale Flagge vergleichen mit Personalausweis oder Paß. Mit den persönlichen Ausweispapieren wird die Identität nachgewiesen; die Flagge bezeichnet die nationale Zugehörigkeit, und zwar in vielen Fällen in rechtsverbindlicher Form. Wenn ein Schiff unter deutscher Flagge fährt, bedeutet das eine verantwortliche Zuständigkeit des deutschen Staats, und wenn eine Truppe beim militärischen Einsatz Standarten oder Plaketten mit dem deutschen Flaggenzeichen mitführt, verweist dies auf deutsche Befehlshoheit. Die beiden Beispiele stammen übrigens aus den Bereichen, in denen sich zuerst die Flaggensymbolik herausgebildet hat: Schon im Mittelalter waren Schiffe mit Windflaggen versehen, die im 17. Jahrhundert von den Niederlanden erstmals als nationale Kennzeichnung übernommen wurden; und entsprechend wiesen sich schon die buntgemischten Gruppen der Kreuzzüge durch Feldzeichen nach ihrer Herkunft aus.

Die Parallele zwischen Personalausweis und Flagge reicht aber nur ein Stück weit. Der Ausweis hat einen sehr nüchternen Charakter, kann aber in seinem wesentlichen Inhalt – sieht man von der Erneuerung des Paßbilds und von Veränderungen des Wohnorts ab – nicht geändert und kann nicht ausgeliehen werden. Demgegenüber sind die Flaggen nicht schlechterdings unveränderlich, und sie rufen Gefühle ab. Nicht unbedingt einheitliche Gefühle: Gegenüber Kollektivsymbolen reagieren nicht alle in gleicher Weise, die Einschätzung kann mit der politischen Haltung wechseln, und es gibt Konstellationen, in denen das Symbol die einigende Kraft verliert. In Deutschland liegen und lagen die Dinge dabei wohl noch etwas komplizierter als anderswo.

Im Jahr 1851 blickt Heinrich Heine in einem Gedicht zurück auf die gescheiterte Revolution. Er schildert die Hoffnung und die Träume, die sich für ihn mit den deutschen Aufständen in den Jahren davor verbanden, und er schildert seine Enttäuschung:

Doch als die schwarz-rot-goldne Fahn,
Der altgermanische Plunder,
Aufs neu erschien, da schwand mein Wahn
Und die süßen Märchenwunder.

Das klingt seltsam, wenn man weiß, daß die „schwarz-rot-goldne Fahn" in den Jahrzehnten davor das Bekenntniszeichen derjenigen war, die sich gegen die politische Restauration wandten. Beim Hambacher Fest im Jahr 1832, bei dem demokratische und republikanische Ziele herausgestellt wurden, beherrschten schwarz-rot-goldene Fahnen die Szenerie – der Deutsche Bund verbot sie kurz darauf. Bei den Unruhen und Aufständen im März 1848 waren die Fahnen und Zeichen wieder da; die Nationalversammlung erkannte Schwarz-rot-gold als die deutschen Farben an.

Sollte Heine, der ja im fernen Paris lebte, dies alles unbekannt geblieben sein? Sicher nicht. Heine war nur hellsichtiger als die meisten. Er registrierte kritisch, daß das Streben nach der nationalen Einheit stärker und durchschlagender war als das nach einer demokratisch-republikanischen Verfassung. Im Scheitern der Revolution zeichnete sich dies deutlich ab; aber es war bis zu einem gewissen Grad auch schon den Vorläufern und den Anfängen der revolutionären Bewegung eingeschrieben. Die despektierliche Gleichsetzung der Fahne mit „altgermanischem Plunder" war nicht aus der Luft gegriffen; allerdings galt dies nicht in dem Sinn, daß die Farbgebung Schwarz-rot-gold aus dem Erbe der Germanen stammte und kontinuierlich durch die Jahrhunderte tradiert worden wäre. Im Oktober 1814 wurde in Erinnerung an die entscheidende Schlacht gegen das napoleonische Heer im Oktober 1813 an vielen Orten ein großes Nationalfest gefeiert – mit Gottesdiensten, Höhenfeuern, Aufmärschen, Konzerten und Reden. Aber es gab weder eine nationale Fahne noch ein Nationallied. Erst in den folgenden Jahren wurden die späteren deutschen Farben propagiert, am stärksten wohl von Friedrich Ludwig Jahn, der sie zunächst in den studentischen Burschenschaften populär machte. Ein unmittelbarer Anknüpfungspunkt war in der Uniform des Lützowschen Freikorps gegeben, zu der schwarze Rökke mit roten Samtaufschlägen und goldenen Knöpfen gehörten. Aber da der Kampf gegen die Franzosen mit dem der Germanen gegen die Römer in Parallele gesetzt und da die wehrhafte nationale Gesinnung als wiedererwachtes Germanentum interpretiert wurde, lag es nahe, auch Schwarz-rot-gold als altdeutsches Erbe zu verstehen.

Konkrete Anhaltspunkte gab es dafür kaum. Allerdings zeigte die staufische Fahne im goldenen Feld einen schwarzen Adler mit roter Zunge und roten Fängen. Der Adler war in den Verfassungskämpfen von 1848 und 1849 als Symbol gegenwärtig; Uhland warnte davor, „ein Brutnest erblicher Reichsadler einzupflanzen" auf dem Gipfel „der neu entstehenden deutschen Eiche". Das Erbkaisertum blieb fürs erste, und der Adler blieb noch länger: als Wappentier im Kaiserreich, in der Weimarer Republik, in der nationalsozialistischen Ära und in der Bundesrepublik. Die Form wechselte, und mit ihr auch die von dem Symbol ausgehende ‚Botschaft'. Werner Sombart verglich im Ersten Weltkrieg den „Aar, der hoch über allem Getier der Erde schwebt", mit dem Deutschen, der sich „erhaben fühlen soll über alles Gevölk, das ihn umgibt und das er unter sich in grenzenloser Tiefe erblickt". Der nationalsozialistische Adler drückte den Willen zu Raubzügen deutlicher aus als viele Reden der Zeit – der bundesrepublikanische kehrt im Gegenzug die schützende Seite hervor und thront als ‚Glucke' über dem Parlament.

Dauer im Wechsel also. Für die deutschen Farben war diese Kontinuität nicht gegeben. In den Jahren vor der Reichsgründung lebte Schwarz-rot-gold vor allem bei süddeutschen und auch bei österreichischen Truppen während der Kriege wieder auf, während sich der Norddeutsche Bund formell für Schwarz-weiß-rot entschied – Schwarz-weiß stand für Preußen, Rot-weiß für die Hansestädte. Dies war dann auch die Vorgabe fürs Kaiserreich; die Nationalflagge war – seit 1892 auch amtlich verordnet – schwarz-weiß-rot. Nach dem Ersten Weltkrieg entschied sich die Weimarer Nationalversammlung für Schwarz-rot-gold, beließ aber die deutsche Handelsflagge schwarz-weiß-rot. Unter nationalsozialistischer Herrschaft waren die Nationalfarben wieder Schwarz-weiß-rot. In der Hakenkreuzfahne, die bald dominierte, war diese Farbgebung zwar enthalten; aber die Gestaltung wich – vergleichbar mit der sowjetischen Flagge – von der ruhigen Einteilung in Farbstreifen ab: Sie sollte den Bruch mit dem Alten symbolisieren, das Neue betonen in Form eines Heilszeichens, das aus einer unbestimmten mythischen Vergangenheit stammte. Nach 1945 lag der Rückgriff auf Schwarz-rot-gold nahe. Zuerst von den Siegermächten verboten, wurden diese nach der Gründung der zwei deutschen Staaten in beiden die offiziellen Farben.

Die Geschichte der Nationalhymne ist noch um einiges bewegter als die der Nationalfarben. Erst die Französische Revolution und die fortdauernde Bedeutung der Marseillaise weckten in vielen Nationen das Bedürfnis nach einer eigenen Hymne. Deutschland war noch keine Nation. Die Nationallieder – nur gelegentlich so bezeichnet – hatten einen kleineren Zuschnitt; in Preußen sang man beispielsweise das ‚Borussialied‘ und später ‚Heil dir im Siegerkranz‘. Aber 1813 fragt Ernst Moritz Arndt in einem Lied: „Was ist des Deutschen Vaterland?“ Als Antwort zählt er nacheinander die deutschen Länder und Landschaften auf, um dann im Kehrreim zu verkünden: „O nein, o nein, o nein, o nein! Sein Vaterland muß größer sein.“ Dieses Lied wurde zu einer Art inoffizieller Nationalhymne. Aber auch andere Lieder wurden bei feierlichen Anlässen gesungen, so etwa ‚Stimmt an mit hellem hohem Klang‘, dessen auf Matthias Claudius zurückgehender Text „der alten Barden Vaterland“, die „Ahnentugend“ und den „Kraftgesang“ preist, später vor allem auch die Lieder, in denen der deutsche Rhein besungen und verteidigt wird. 1840, als die politischen Spannungen zwischen Frankreich und Deutschland besonders stark waren, veröffentlichte Nikolaus Becker in der Trierschen Zeitung vier Strophen, die mit den Zeilen beginnen: „Sie sollen ihn nicht haben, den freien deutschen Rhein“, und die in den letzten Versen todesmutige Entschlossenheit demonstrieren: „... bis seine Flut begraben des letzten Manns Gebein“. Das Lied machte schnell die Runde, auch dies ein Nationallied, geduldet von der Obrigkeit – so kritisch die Einheitsbestrebungen sonst verfolgt wurden (verfolgt oft im doppelten Wortsinn), mit der Stoßrichtung gegen Frankreich wurden sie akzeptiert. Später wurde Beckers Aufruf von einem im gleichen Jahr entstandenen Lied Max Schneckenburgers abgelöst, das erst Mitte der fünfziger Jahre vertont worden war, dann aber im Vorfeld des Deutsch-Französischen Krieges und während des Kriegs die Szene beherrschte: ‚Es braust ein Ruf wie Donnerhall‘. Nach dem Krieg wurden das Elsaß und Lothringen dem Deutschen Reich zugesprochen. Bismarck erklärte, Deutschland sei „saturiert". Die ,Wacht am Rhein' – dies war der Titel des militanten Rheinlieds – blieb trotzdem lebendig; noch immer waren die Deutschen aufgerufen, „des Stromes Hüter" zu sein.

Wenn in der Folgezeit das ,Deutschlandlied' mehr und mehr in den Vordergrund trat, dann wohl nicht nur deshalb, weil der bereits 1841 durch Hoffmann von Fallersleben geschaffene Text mehr Qualitäten aufwies als die waffenklirrende ,Wacht am Rhein' und weil das Lied in der eingängigen Melodie von Joseph Haydns österreichischer Kaiserhymne gesungen wurde. Die Politik des Kaiserreichs begnügte sich nicht mehr mit der Verteidigung des Rheins; die Gründung deutscher Kolonien, die Verstärkung der deutschen Flotte und verschiedene Interventionen im europäischen und außereuropäischen Ausland machten deutlich, daß die Feststellung der Saturiertheit nicht auf Dauer gestellt war. Das in die Weite strebende Deutschlandlied, dessen geographische Markierungen – „von der Maas bis an die Memel, von der Etsch bis an den Belt" – alle außerhalb der Staatsgrenzen lagen, entsprach der Stimmungslage und machte Stimmung, der sich nur große Teile der Arbeiterschaft widersetzten. Das Lied, das 1922 von Reichspräsident Friedrich Ebert zur offiziellen Nationalhymne erklärt worden war, blieb auch für die NS-Regierung akzeptabel; daneben – und bald darüber – war das nach dem jugendlichen Verfasser benannte Horst-Wessel-Lied ,Die Fahne hoch', dessen Melodie von einem beliebten Bänkellied übernommen war, offizielle Hymne.

Es versteht sich von selbst, daß dieses Kampf- und Propagandalied nach 1945 nicht zur Diskussion stand. Anders verhielt es sich mit dem Deutschlandlied. Schon im Zusammenhang mit der Erhebung zur Nationalhymne in der Weimarer Republik hatte man, sicherlich in weitgehendem Einklang mit dem Verfasser, den Anfang „Deutschland Deutschland über alles" als Ausdruck patriotischer Gefühlsbindung und nicht als Ausdruck der Eroberungspolitik interpretiert. In den Westzonen pochten konservative Kreise auf dieses Verständnis und plädierten für die Beibehaltung der Hymne. Aber die Linke zog nicht mit, und auch die Vertreter der Besatzungsmächte sprachen sich entschieden gegen diese Idee aus. Theodor Heuss, der erste Bundespräsident, wandte sich an den schon über siebzigjährigen, vor allem durch geistliche Lyrik bekannten Rudolf Alexander Schröder, der bald dem Komponisten Hermann Reutter ein hymnisches Gedicht zur Vertonung vorlegte:

> Land der Liebe, Vaterland,
> Heilger Grund, auf den sich gründet,
> Was in Lieb und Leid verbündet,
> Herz mit Herzen, Hand mit Hand …

Das Lied fand wenig Resonanz – man darf wohl sagen: glücklicherweise, wenn man die Klischees und den gestelzten Ton betrachtet. Die Diskussion war wieder offen, und die Sache drängte, nachdem die DDR schon wenige Wochen nach ihrer Gründung eine Nationalhymne hatte:

> Auferstanden aus Ruinen,
> Und der Zukunft zugewandt,
> Laß uns dir zum Guten dienen,
> Deutschland, heilig Vaterland …

Der Text stammte von Johannes R. Becher; die Melodie hatte – so wurde es jedenfalls berichtet – Hanns Eisler im Geburtshaus Chopins an dessen Flügel entworfen.

Im Westen kam es zu einem Kompromißvorschlag: die dritte Strophe des Deutschlandlieds. Erneut gab es Widerstände bei weiten Teilen der SPD und bei den Besatzungsmächten. Der Text („Einigkeit und Recht und Freiheit für das deutsche Vaterland …") wurde zwar als unverfänglich betrachtet; aber die Melodie, so wurde sicherlich nicht ganz unbegründet gesagt, transportiere ja doch für viele den alten Text, also die erste Strophe. In einem Gespräch, von dem ein Protokoll existiert, suchte Bundeskanzler Konrad Adenauer die Hohen Kommissare der Besatzungsmächte von der Tragfähigkeit der Kompromißlösung zu überzeugen. Seine Argumente waren bestechend einfach, aber etwas widersprüchlich. Erst lobte er Hoffmann von Fallersleben als einen „der besten und ersten Demokraten"; dann stellte er fest, die erste Strophe sei „ja so antiquiert, daß sie kein halbwegs vernünftiger Mensch mehr singen kann" – schließlich stamme sie „aus einer Zeit vor mehr als hundert Jahren". Die zweite Strophe („Deutsche Frauen, deutsche Treue, deutscher Wein und deutscher Sang …") sei „ein bißchen dumm". Die dritte dagegen (die ja durchaus auch aus einer Zeit vor mehr als hundert Jahren stammt) enthalte „eine Wahrheit, die auch jetzt noch gilt".

Das überzeugendste Argument für eine schnelle Entscheidung war vermutlich Adenauers Bericht über zwei große internationale Sportveranstaltungen, bei denen sich das Fehlen einer Hymne in bedenklicher Form gezeigt hatte: In Berlin hatte sich der Kapellmeister, als die Hymnen der beteiligten Nationen gespielt wurden, mit der Melodie des Lieds ‚In München steht ein Hofbräuhaus' eingereiht. In Köln fand 1949 ein internationaler Radwettkampf statt, bei dem zunächst die belgische und dann die schweizerische Nationalhymne gespielt wurde. Für Deutschland intonierte die Musik: ‚Wir sind die Eingeborenen von Trizonesien', den Karnevalsschlager von 1947; die Belgier hielten das für die offizielle Hymne und salutierten. „Durch solche Vorgänge wird natürlich die Bundesrepublik in den Augen der Deutschen selber etwas lächerlich gemacht", stellte Adenauer fest. Er setzte den Kompromißvorschlag durch; seit 1952 ist die dritte Strophe des Deutschlandlieds die offizielle Nationalhymne.

Es ist allerdings nicht das einzige Lied, das bei offiziellen Anlässen gesungen wird. Bei nationalen Trauerfeiern wird ebenso wie bei manchen kleineren Beerdigungen Ludwig Uhlands Lied ‚Ich hatt einen Kameraden' in der Vertonung Friedrich Silchers gesungen. Als feierliche Einleitung großer Feste nimmt manchmal Beethovens Komposition von Schillers „Freude, schöner Götterfunken" den Charakter einer Hymne an, einer Hymne freilich, die ausdrücklich die Trennung der Nationen überwindet und alle Menschen Brüder werden läßt.

Wirklich populär ist die Nationalhymne auch nach einem halben Jahrhundert nicht geworden. Bei Älteren blockiert möglicherweise die Vertrautheit mit der ersten Strophe den sicheren Umgang mit der dritten. Bei Jüngeren spielt eine Rolle, daß feierliche nationale Ausdrucksformen insgesamt distanzierter betrachtet werden. Schulbehörden traten Ende der siebziger Jahre in Erlassen dafür ein, „daß die Nationalhymne wieder stärker in das Bewußtsein der Schüler gebracht werden" müsse; aber auch Jahrzehnte später erhalten deutsche Fußballnationalmannschaften Nachhilfeunterricht, damit sie beim musikalischen Auftakt auf dem Rasen nicht nur stumm die Lippen bewegen. Junge Leute aus den Neuen Ländern mußten sich das Lied, sieht man von ihren gelegentlichen Erfahrungen mit dem Westfernsehen ab, ganz neu aneignen. Aber auch in den Alten Ländern konnten bei einer Umfrage vor einem Jahrzehnt nur sechzig Prozent der Befragten die Anfangszeile der Nationalhymne richtig wiedergeben.

Ein ähnlich großer Prozentsatz der Westdeutschen bejahte die Frage, ob es bei ihnen Freude auslöse, wenn sie die schwarz-rot-goldene Bundesflagge sehen; in der ehemaligen DDR waren es noch weniger. Man kann diesen relativ niedrigen Wert damit erklären, daß die Flagge fast nur an den Gebäuden von Behörden und bei offiziellen Anlässen zu sehen ist, während die Menschen in manchen anderen Ländern ohne besonderen Anlaß ihre Häuser und Gärten, aber auch ihre Kleider und Torten mit den nationalen Farben bestücken. Aber die Begründung verschärft den Tatbestand: Der Umgang der deutschen Bevölkerung mit nationalen Zeichen ist zurückhaltend und distanziert. Das schließt nicht aus, daß den Menschen Tränen in die Augen treten können, wenn bei einer sportlichen Siegerehrung die deutsche Flagge gehißt und das Deutschlandlied gespielt wird – nicht nur aus Rührung über den glücklichen Lohn für die Mühe der Athletinnen oder Athleten, sondern auch dank der emotionalen Gewalt, die von solchen symbolischen Inszenierungen ausgeht.

Erinnerte Geschichte

Historiker geben geschichtliche Abläufe nicht einfach wieder – selbst penible Archivare nicht. Sie zeichnen Geschichtsbilder, in denen sie gewollt oder ungewollt Akzente setzen; sie wählen aus und machen gewissermaßen ein Angebot an die Erinnerung. Aber die allgemeine Erinnerung hat begrenzte Speicherkapazitäten; sie wählt ihrerseits aus, und sie hinkt nach, weil ältere Erinnerungsschichten oft nicht leicht abgebaut werden. Erinnerte Geschichte blendet vieles aus und setzt eigene Akzente. Für die Geschichte der Moderne spielt die Entwicklung von Technik und Wirtschaft eine entscheidende Rolle. Führende Exponenten dieser Bereiche sind zwar in die Domäne der Straßennamen vorgedrungen, weil es zu den Schiller-, Bismarck- und Wilhelmstraßen viele Querstraßen gibt, weil also erheblicher Bedarf besteht – aber Denkmalstatus haben sie selten und auch dann meist nur im lokalen Rahmen erreicht. Die politische Geschichtsschreibung betont die Wichtigkeit der Revolution nach dem Ersten Weltkrieg; es war ja doch eine erfolgreiche Revolution, die ein freies demokratisches Staatswesen begründete. In den Jahren 1998 und 1999, als sich die Ereignisse zum achtzigsten Mal jährten, gab es praktisch kein öffentliches Gedenken; dagegen wurde an die revolutionären Bestrebungen von 1848/49 mit vielen Ausstellungen, Aufführungen und Vorträgen erinnert. Dies wiederum unterschied das 150jährige Jubiläum der 48er-Revolution von allen vorausgegangenen. In der lokalen Geschichtsschreibung war es bis in die jüngste Vergangenheit üblich, die revolutionären Umtriebe jener Jahre entweder zu leugnen oder sie ortsfremden Elementen zuzuschreiben – jetzt setzen viele Städte und Dörfer ihren Ehrgeiz darein, eigene Revolutionäre zu präsentieren. Das Erinnern hat also seine eigene Geschichte; aber es hat auch relativ feste, ‚typische‘ Bezugsgrößen, die das Bild der Nation nach außen wie nach innen wesentlich mitbestimmen.

In der ersten Hälfte des 19. Jahrhunderts unternahm es der bayerische König Ludwig I., auf Dauer festzulegen, was für die Deutschen erinnerungswürdig ist. Über der Donau bei Regensburg ließ er die Walhalla errichten, einen mächtigen Bau aus weißem Marmor, in dem die Marmorbüsten der „rühmlichst ausgezeichneten Teutschen“ ihren Platz finden sollten. Das Projekt zog sich zwei Jahrzehnte hin; 1821 ging der Auftrag an Leo von Klenze, 1842 wurde der Ehrentempel eingeweiht. Die Resonanz war nicht ganz so freundlich und beständig, wie es Ludwig erhofft hatte. Der Bau wurde zwar von vielen bewundert, aber wegen seines altgriechischen Stils mit 52 dorischen Säulen auch als undeutsch angeprangert. In den nördlichen deutschen Ländern hatte man außerdem nicht vergessen, daß Bayern in den napoleonischen Kriegen bis kurz vor der Schlacht bei Leipzig auf der Seite der Franzosen gekämpft hatte. In Bayern selbst vermerkte man kritisch, daß unter den Verewigten nur ein bayerischer Gelehrter und zwei bayerische Fürsten waren. Vor allem aber griffen katholische Kreise die Auswahl an: Ludwig hatte sich zwar bewegen lassen, auf Luther und Melanchthon zu verzichten, beließ aber doch etliche Papst- und Kirchengegner unter den Ausgezeichneten. Ludwig Thoma forderte später in einer Glosse ironisch einen Ausgleich; die aufzunehmenden Katholiken, so schrieb er, brauchten „ja nicht so bedeutend zu sein".

Die Ehrenhalle wurde also nicht allgemein akzeptiert; aber in vielem drückt sie doch deutlich aus, was geschichtliche Erinnerung im 19. Jahrhundert hieß. Die Anlage war kein Versuch, Geschichte aufzuarbeiten, sondern eine Weihestätte, in der nicht Fragen gestellt, sondern patriotische Gefühle gestärkt werden sollten. Walhalla war errichtet, „auf daß teutscher der Teutsche aus ihr trete, besser, als er gekommen" – so formulierte es Ludwig selbst. In seinem feierlichen Kommentar pochte er auf Gleichheit; alle Großen sollten aufgenommen werden können: „Kein Stand, auch das weibliche Geschlecht nicht, ist ausgenommen." Das mit einem sozialen „Stand" verglichene weibliche Geschlecht trat aber kaum in Erscheinung – Geschichte blieb eine männliche Angelegenheit. Hermann Glaser nahm eine Einteilung der über 160 bei der Eröffnung präsentierten Büsten vor; ungefähr ein Viertel der Geehrten kam aus dem kulturellen Bereich, aber „fast Dreiviertel der Büsten und Gedenktafeln war 1842 dem kriegerischen Tatenruhm geweiht". Und unter diesen waren alte Germanen – mit dem Cheruskerfürst Arminius und den Gotenkönigen Ermanerich, Alerich, Theoderich und Totila – mit einem besonders starken Kontingent vertreten. Auch das archaisierende „teutsch" weist in die altdeutsche Vergangenheit, und „Walhall" war in der germanischen Mythologie der Ort der gefallenen Krieger.

Die kriegerischen Germanen: das blieb ein Leitmotiv des Erinnerns. Ein seltsames Leitmotiv. Schon die Gleichsetzung von germanisch und deutsch ist problematisch; aber sie war durch die Romantik vorbereitet – auch durch die Wissenschaft der Romantik. Wenn der Sieg über Napoleon bei Leipzig im Herbst 1813 als „zweite Hermannsschlacht" bezeichnet wurde, dann war dies nicht nur ein vager Vergleich mit dem Sieg Arminius' über die Römer; vielmehr drückte sich so der Glaube an eine quasibiologische Kontinuität aus. Die von Tacitus provozierend gerühmten Eigenschaften der alten Germanen, ihre einfache Redlichkeit und ihre kriegerische Kraft, mochten über Jahrhunderte verschüttet gewesen sein – jetzt zeigten sie sich in neuer Blüte.

Diese Mystifikation war nicht nur von oben verordnet; sie war für große Teile des Volks eine Verdichtung des Gedankens nationaler Einheit. Im Umkreis des Hambacher Fests legten manche

Männer ihre Vornamen ab und ließen sich „Hermann" nennen – obwohl dieser Name, erstmals in einem historischen Barockroman Ende des 17. Jahrhunderts für Arminius verwendet, gar nicht die richtige Verdeutschung darstellt. Jahrzehntelang wurde für ein Hermannsdenkmal gesammelt und geworben; Hermannsvereine entstanden, und selbst in Amerika wurden zahlreiche Hermanns-Logen gegründet. Realisiert wurde das Denkmal bei Detmold im Teutoburger Wald, dem wahrscheinlichen Schauplatz der kriegerischen Auseinandersetzung zwischen Germanen und Römern, erst 1875, nach der Errichtung des deutschen Kaiserreichs. Arminius-Hermann, nach Cocteaus spitzer Bemerkung auf einer „überdimensionalen Keksdose" stehend, reckt das Schwert in den Himmel, und in einer Huldigungstafel am Sockel des Denkmals wird Wilhelm I. „Armin, dem Retter" gleichgesetzt.

Wenige Jahre später, 1883, wird bei Rüdesheim das Niederwalddenkmal eingeweiht. Es feiert ebenfalls den deutschen Sieg über Frankreich in ausladender Symbolik mit dem Reichsadler, den Gestalten von Rhein und Mosel und den Allegorien von Krieg und Frieden. Beherrscht wird das Denkmal von einer riesigen Germania. Sie war schon Anfang des 19. Jahrhunderts eine Verkörperung des Patriotismus – des kriegerischen Patriotismus, was Georg Herwegh in einem Gedicht zu dem Ausruf veranlaßte: „Germania, mir graut vor dir!" Mehr als ein Jahrhundert später faßte Peter Paul Zahl seinen Abscheu vor dem alles andere als fraulichen Berserkertum deutscher Geschichtsstilisierung noch drastischer: „Wenn Deutschland in der Allegorie als Weib auftritt, dann als Germania: als fettes, gepanzertes, feistärschiges Weibsbild mit der erotischen Ausstrahlung eines deutschen Hausschweins ..."

Ganz am Ende des Jahrhunderts, nach dem Tod des „Heldenkaisers", werden zu seinen Ehren weitere Denkmäler errichtet: an der Porta Westfalica, wiederum in der Nähe von Detmold, bei Koblenz am Deutschen Eck und auf dem thüringischen Kyffhäuser, in den die Sage Barbarossa verbannte bis zur vaterländischen Wiedergeburt. Jetzt, so kündete das Denkmal, war der alte Rotbart in der Gestalt des „Weißbarts" Kaiser Wilhelm wiedererwacht. Auch hier also wird nicht geschichtliche Entwicklung dargestellt, sondern an eine mythische Vergangenheit erinnert –

diesmal die des Mittelalters. Dieser weite Ausgriff hängt sicher auch damit zusammen, daß die Jahrhunderte der Neuzeit erfüllt waren von unseligen Kämpfen und geprägt durch die kaum zu steigernde territoriale Zersplitterung. Friedrich der Große, vor allem im 20. Jahrhundert zum deutschen Helden stilisiert, galt lange nur als Repräsentant Preußens, der zudem französisch orientiert war. Und auch die anderen Landesfürsten repräsentierten immer nur einen Teil der späteren deutschen Nation. Erst im Verlauf der napoleonischen Kämpfe trat diese Trennung zurück. Königin Luise von Preußen, die lange Jahre mit ihren sieben Kindern auf der Flucht war und die unter demütigenden Umständen bei Napoleon vorsprach, um eine faire Behandlung ihres Landes zu erreichen, wurde in allen deutschen Staaten hoch geachtet – in dieser kritischen Phase schwächte die staatliche Zugehörigkeit zu Preußen, und in diesem Fall auch die zum weiblichen Geschlecht, die nationale Verehrung nicht ab.

Blickte man weiter in die Vergangenheit zurück, so bot noch am ehesten das Mittelalter ‚deutsche‘ Vorbilder: die staufischen Kaiser, die meist namenlosen Erbauer der großen Dome und Burgen, deren Erneuerung man im 19. Jahrhundert mit sehr viel Energie betrieb (die renovierte Wartburg, der Kölner Dom und das Ulmer Münster sind Ergebnisse dieser Revitalisierung), schließlich im ausgehenden Mittelalter Gutenberg, Luther, Dürer. Auch sie fanden ihren Platz auf Denkmälern und gaben den Anstoß zu Jubiläumsfeiern, in denen sich der spezielle Anlaß mit nationalen Bestrebungen verband. Am deutlichsten war dies bei den Lutherfeiern, die zwar im frühen 17. und 18. Jahrhundert noch überwiegend kirchlich ausgerichtet waren, dann aber an den Reformator als einen Vorkämpfer der geeinten Nation erinnerten. Im Jahr 1817 schlug Goethe vor, das am 31. Oktober fällige Reformationsfest mit dem Gedenktag der Völkerschlacht zu vereinigen; die Lutherfeiern von 1868 und 1883 bestätigten die nationale Einfärbung, und im Jahr 1917, mitten im Krieg, wurde Luther, der „Mann von Erz", auch von Geistlichen zum Sinnbild des deutschen Kampfs gemacht.

Die erinnerte Geschichte war überwiegend protestantisch geprägt. Die katholischen Länder, nach der Bevölkerungszahl den protestantischen einigermaßen ebenbürtig, waren an der Herausbildung der einheitlichen Nation nicht so maßgeblich beteiligt, und die katholische Gedankenwelt fügte sich sehr viel weniger in ein nationales Korsett. Eher bot ihr Europa einen Rahmen, wie Novalis' berühmter Essay ‚Die Christenheit oder Europa' zeigt. Auch jenseits der kirchlich-religiösen Thematik war der ‚vaterländische' Akzent katholischer Literatur nicht ausgeprägt; katholische Schriftsteller repräsentierten eine rückwärtsgewandte oder ins Träumerisch-Phantastische ausgreifende Romantik – Novalis, Brentano, Eichendorff stehen für diese Tendenz. Politische Besinnung orientierte sich an anderen Vertretern der ‚Deutschen Bewegung', wie man die literarischen Richtungen zwischen Sturm und Drang und später Klassik einige Zeit zusammenfassend nannte.

Vor allem Schiller wurde nach seinem frühen Tod zu einer Leitgestalt der werdenden Nation. Tells Befreiungskampf wurde – sicher nicht gegen Schillers Intention, aber doch etwas schematisch – in die deutschen Verhältnisse projiziert und als nationaler Appell verstanden. Walther Fürst, Stauffacher und Melchthal, die – nach legendärer, nicht nach historischer Überlieferung – mit dem Rütlischwur die Einigung der Schweizer Landstände einleiteten, wurden sogar unter die Heroen in der Walhalla aufgenommen. An vielen Orten wurden Schillerdenkmäler errichtet und Schillerfeiern abgehalten. Den Höhepunkt bildeten die Veranstaltungen zu Schillers hundertstem Geburtstag im Jahr 1859; während andere historische Leitbilder in dieser Zeit starker sozialer und politischer Spannungen eher zurücktraten, konzentrierte sich die Verehrung auf den Dichter. Das Journal ‚Kladderadatsch' veröffentlichte das Bild eines von jubelnden Menschen umgebenen Denkmals mit Schillers Büste; die Legende lautete: „Das Einzige und der Einzige, worin Deutschland einig ist". Das entsprach den Tatsachen. Schiller, der „Gedankenfreiheit" und „Männerstolz vor Königsthronen" gefordert hatte, war auch für die Arbeiterbewegung eine denkwürdige und gedenkwürdige Gestalt.

Nach der Reichsgründung strebten die Erinnerungsmodelle deutlicher auseinander. Die durch das Sozialistengesetz ausgegrenzten Arbeiter standen dem bombastischen Kaiser- und Germanenkult skeptisch gegenüber; bei der Einweihung des Niederwalddenkmals gab es einen Attentatsversuch, von dem bis heute nicht geklärt ist, wie ernst er gemeint war – jedenfalls erstickte das Feuer der Zündschnur im regenfeuchten Boden. Die nationale Heldenverehrung wurde getragen von dem nach wie vor einflußreichen Adel und vom Bürgertum. Für die Spitzen der Gesellschaft gab es seit 1876 eine neue Form, die mythische Vorzeit zu erleben: in den Musikdramen Richard Wagners, die im Festspielhaus in Bayreuth aufgeführt wurden. Der Denkmalkult war im Vergleich mit dieser exklusiven Veranstaltung um einiges populärer. Die Bismarcktürme, die vor dem Ersten Weltkrieg nach einem einheitlichen Muster an über 40 Orten errichtet wurden, waren zwar angeregt durch einen Wettbewerb der Deutschen Studentenschaften, wurden aber vom größten Teil der Bevölkerung nicht nur als Aussichtspunkte, sondern auch als Orte der Erinnerung angenommen.

Freilich: was ist Erinnerung, was heißt erinnerte Geschichte? Denkmäler sind keine Medien für ein kritisch-analytisches Geschichtsverständnis; es sind überwiegend Stationen, an denen Bekenntnisse abgeladen und Gefühle neu aufgeladen werden. Aber die Ausstrahlung verflüchtigt sich, und viele Denkmäler, die früher den Mittelpunkt farbiger Feiern bildeten, stehen heute so gut wie unbeachtet in irgendwelchen Grünanlagen. Die bombastischen Erinnerungsstätten der Kaiserzeit finden allerdings immer noch ihr Publikum. Es kommt in größeren Massen als vor hundert Jahren; aber es kommt nicht zu feierlichem Gedenken, sondern zur ‚Besichtigung‘ – allgemeiner gesprochen: zum Vergnügen. Wenn jetzt von den „Wallfahrtsstätten der Nation" die Rede ist, dann wird hervorgehoben, daß sich die Besucher und Besucherinnen zwischen Souvenirläden und Würstchenbuden bewegen und daß sie an den Denkmälern vor allem die Ausmaße interessieren: Die Germania ist zehneinhalb Meter groß, und der bronzene Hermann wiegt über 75 Tonnen. Aber jedenfalls handelt es sich um beliebte Ausflugsziele, und niemand wird behaupten wollen, es gehe alles an den Besuchern vorbei, was da an martialischen Gesten und siegestrunkenen Sprüchen geboten wird. Das gilt für die deutschen, gilt aber noch mehr für die ausländischen Touristen.

Richtig ist aber, daß die nationale Erinnerung heute nicht gerade beim alten Kaiser Wilhelm einrastet. Ich suche wieder einmal Beistand beim Orakel von Allensbach: Auf die Frage, welcher große Deutsche am meisten für Deutschland geleistet habe, blieben alle Könige und Feldherren zusammengenommen, blieb aber beispielsweise auch Friedrich Schiller unter einem Prozent. Bei der Frage, welche geschichtlichen Epochen und Ereignisse die Deutschen geprägt haben, schnitten unter den zur Auswahl gestellten Antworten die mit Bismarck und Friedrich dem Großen verbundenen recht gut ab; die stärkste Prägung aber erfolgte nach Meinung der Befragten durch die Belastungen des Zweiten Weltkriegs und die Kapitulation von 1945. Die Orientierung reicht also meist nicht so weit zurück, wie sich das beflissene Historiker ausmalen. Bei der Frage nach der größten Leistung für Deutschland wie auch bei einer anderen Umfrage, bei der mögliche Kandidaten für die Ergänzung des Walhalla-Bestandes gesucht wurden, führt Konrad Adenauer unangefochten die Liste an – eine Person der ‚Zeitgeschichte‘ also.

Für die Älteren bedeutet erinnerte Geschichte in diesem Fall, daß sich ihre persönliche Lebenserinnerung mit dem historisch gewordenen Bild verbindet. Aber bei Adenauer kommt dazu, daß dieses Bild in kürzester Zeit Züge angenommen hat, die ein wenig an die einstige Monarchenverehrung erinnern und die man, mit einigen Abstrichen, als mythisch bezeichnen kann. Das setzte, wenn nicht schon zu Lebzeiten des greisen Kanzlers, spätestens mit dem Ritual seiner Beerdigung ein, als der Sarg nach einem Staatsakt in Bonn und einem Pontifikalamt im Kölner Dom mit dem Schiff rheinaufwärts nach Rhöndorf gebracht wurde.

Dort wurde wenige Jahre danach Adenauers private Villa als Erinnerungsstätte für Besucher freigegeben – und sie kamen in Massen. Das Adenauerhaus in Rhöndorf liegt am Fuß eines Bergs, der ohnehin überlaufen war: der Drachenfels, auf dem die romantische Sage ein Untier ansiedelte, das von einer frommen Jungfrau gezähmt wurde, auf dem ein Denkmal an die Befreiungskriege erinnert und auf den die erste deutsche Zahnradbahn führte.

Die Bonner Republik, in ihrer Verfassung und in ihren führenden Köpfen mit der Weimarer Republik verbunden, schließt hier in gewisser Weise auch ans Kaiserreich an. Übersprungen werden dabei die zwölf Jahre der nationalsozialistischen Herrschaft, die aber gewiß auch ins Kapitel ‚Erinnerte Geschichte‘ einbezogen werden müssen. Johannes Gross schreibt dazu: „Deutschland ist sich nicht einig über seine Geschichte, über Helden und große Taten, wohl aber über den großen Schurken seiner Vergangenheit." In der Tat: Adolf Hitler kann bei der Frage nach heroisierten Gestalten, nach Geschichtsbildern und historischer Prägung der Deutschen nicht ausgespart werden. Durch monumentale Bauten suchte Hitler während seiner Regierungszeit Stätten der Erinnerung für alle Zeiten zu schaffen; ein Teil dieser Bauwerke – Ehrenhallen, betonierte Festplätze, phantasievoll ‚rekonstruierte‘ germanische Thingstätten – ist erhalten geblieben: Demonstrationen künstlerisch epigonaler, größenwahnsinniger Architektur. Aber auch ohne diese sichtbaren Zeichen nimmt die Epoche des Nationalsozialismus einen wichtigen Platz in der Erinnerung ein. Im Ausland wurde sie schon während der Hitlerherrschaft, aber auch danach, in böse Karikaturen gebannt. Die englische BBC sendete von 1939 an zehn Jahre lang ihre Serie ‚*It's that man again*‘ – jener Mann war Hitler, dessen Schreckbild in die Perspektive des Komischen gerückt wurde; und bis heute gibt es vor allem in den USA Comics und Glückwunschkarten, auf denen SS-Männer mit bedrohlichen Fratzen und in Uniform mit schwarzen Reitstiefeln präsentiert werden.

Wichtiger als diese Außenansicht ist aber das Bild der Deutschen von Hitler und der NS-Zeit. Wenn das neuerdings oft gebrauchte Wort Erinnerungskultur einen Sinn haben soll, dann kann es nicht nur um eine Galerie vermeintlich oder tatsächlich verehrungswürdiger historischer Persönlichkeiten gehen – dann gehört auch der verantwortliche Umgang mit den belastenden und belasteten Epochen dazu. Das gilt selbstredend nicht nur für die Deutschen. Auch andere Nationen sind mit dunklen Seiten ihrer Geschichte konfrontiert; für die westeuropäischen Nationen sind dies beispielsweise Barbarismen im Zeichen des Kolonialismus. Sie haben es aber in vielen Fällen leichter, solche Fehlentwicklungen mit allgemeinen historischen Tendenzen in Verbindung zu bringen, während sich die kalte Vernichtungsstrategie der Nazis durch die Suche nach Parallelen nicht relativieren läßt. Das Verhältnis der Deutschen zu ihrer Geschichte bleibt zwiespältig – und in gewisser Weise zweigeteilt. Weimar steht dafür als Symbol. Es ist die Stadt der deutschen Klassik, der Wirkungsort Goethes und Schillers, ein imposantes Beispiel weit ausstrahlender deutscher Provinzkultur. Aber zu Weimar gehört auch der Ettersberg mit Buchenwald, wo eines der großen Konzentrationslager war. Buchenwald heute: eine deutsche Gedenkstätte.

Wenn der Michel aufwacht ...

Im ersten Jahrzehnt des Dreißigjährigen Krieges, als die kaiserlich-katholischen Gruppen fast ständig im Vormarsch waren, kämpfte auf der Gegenseite Hans Michael Obentraut als angesehener Reiterführer. Im Jahr 1620 besiegte er in der Pfalz in einem schnellen Überfall die Spanier; als er fünf Jahre später fiel, feierten ihn die auf Flugblättern verbreiteten Nachrufe als deutschen Helden. Damit nicht genug: Der Obrist Obentraut erschien geeignet, der Redensart vom Deutschen Michel einen ehrwürdigen Ursprung und Stammbaum zu geben – noch immer kann man lesen, daß diese ehrenvolle Bezeichnung auf jene Reiterattacke zurückgehe. Tatsächlich aber taucht sie in Sprichwortsammlungen und Erzählungen schon fast hundert Jahre früher auf, und sie ist nicht unbedingt ein Ehrenname. Wahrscheinlich geht dieser Sammelbegriff für die Deutschen darauf zurück, daß der Vorname Michael hier besonders häufig war – und dies wiederum hängt sicher damit zusammen, daß der heilige Michael als Schutzpatron der Deutschen betrachtet wurde. War vom deutschen Michel die Rede, dann wurde vor allem seine Einfalt hervorgehoben; so wird Mitte des 16. Jahrhunderts von einem Pfarrer erzählt, der weniger wußte als seine Pfarrkinder, „ja weniger denn der deutsche Michel". Aber im allgemeinen ist es redliche Einfalt; wo andere mit Latein und Französisch glänzen wollen, bleibt der deutsche Michel bei der angestammten Sprache und Art – aufrichtig, geduldig und gutmütig.

In der Selbststilisierung von Nationen ist dies kein ungewöhnlicher Akzent. John Bull, Anfang des 18. Jahrhunderts von einem englischen Schriftsteller als Repräsentant seiner Landsleute erfunden, ist schon in seinem Äußeren weit vom Ideal des Gentleman entfernt; er ist ein derber und gleichzeitig gemütvoller Vertreter des ganzen Volks. Uncle Sam, der seine Existenz eigentlich nur der Abkürzung USA verdankt, ist schon durch die Etikettierung als Onkel eine biedere und vertrauenswürdige Gestalt. Der Unterschied liegt darin, daß sich die politisch erfolgreichen Briten und Amerikaner in diesen Bildern ein Stück zurückgenommen haben, während der deutsche Michel, vom Schicksal gebeutelt, erst auf seine Möglichkeiten warten mußte. Anders gesagt: Der deutsche

Michel schlief, träumte bestenfalls von einer besseren Zukunft, deren Bild er aber von der Vergangenheit abnahm – der germanischen und der mittelalterlichen. Heinrich Heine schrieb 1830, er habe den deutschen Michel mit allerlei politischen Sticheleien bedrängt, „daß er aus seinem gesunden Riesenschlaf erwache" – der habe aber nur „mit schlaftrunkener Hand" sein Kopfkissen wieder zurechtgerückt und im Schlummer gelächelt. Deutschland im Tiefschlaf – das war ein gängiges Bild bei kritischen Literaten. Georg Herwegh schrieb ein ‚Wiegenlied‘, das begann:

> Deutschland – auf weichem Pfühle
> Mach dir den Kopf nicht schwer!
> Im irdischen Gewühle
> Schlafe, was willst du mehr?

und das diese ironische Frage am Ende jeder Strophe wiederholte. Es brauchte also den Michel nicht unbedingt, aber er verkörperte am deutlichsten die erzwungene Lethargie – und gleichzeitig die Hoffnung auf deren Überwindung. Das ‚Liederbuch des deutschen Michel‘, das 1843 herauskam, stellt die Gestalt gleich in der Vorrede zunächst in den gewohnten Zügen dar, als „Mülleresel, der seine Säcke zur Mühle trägt". Aber dann wird Michel störrisch und wagt den Aufstand, und dies ist auch der Tenor der in dem Buch folgenden Lieder von Heine, Herwegh, Hoffmann von Fallersleben und anderen. Eine Karikatur vom Spätherbst 1848 zeigt, wie sich im Frühjahr die in allen bildlichen Darstellungen übliche Schlafzipfelmütze des Michel in eine Jakobinermütze verwandelte, innerhalb weniger Monate aber wieder zur Schlafhaube wurde. In einer anderen Karikatur liegt Michel krank darnieder; Dutzende von Blutegeln mit den Wappen der deutschen Kleinstaaten saugen ihm das Blut aus.

Die Überwindung der Kleinstaaterei, die Reichsgründung, läßt die Gestalt des Michel zurücktreten. Aber ganz in Pension geschickt wird er nicht: In der politischen Rhetorik wird Deutschland als Nation dargestellt, die im Vergleich mit manchen ihrer Nachbarn Chancen zur Machterweiterung verschlafen habe, die aber nunmehr aufgewacht sei, stets bereit zum Kampf gegen äußere Feinde. Und nicht nur gegen *äußere* Feinde; nationalistische Propaganda bedient die Ressentiments gegen die Modernisierung von Wirtschaft und Gesellschaft, indem sie die Juden für alle Krisen und Schwierigkeiten verantwortlich macht. In einigen Museen sind Steinzeugkrüge aus der Zeit vor dem Ersten Weltkrieg erhalten geblieben, auf denen antisemitische Hetze in Wort und Bild überdeutlich wird. Die Krüge sind mit rundum laufenden Friesen verziert. Auf einem wird beschrieben, wie die Juden angeblich den Bauern, aber auch dem Handwerk und Handel schadeten: „Das Handwerk schafft um kargen Lohn, Den Segen raffet sich der Cohn." Zusammengefaßt wird die ‚Diagnose' in einem Bild, auf dem zwei hakennasige Juden den schlafenden Michel ausrauben, mit den zugehörigen Versen:

> Der Michel liegt in Schlaf versunken,
> Von Judenzeitungsfusel trunken.
> Sie plündern ihm die Taschen aus,
> Sie pressen ihm den Schweiß heraus.

Der Diagnose folgt der Therapievorschlag. Michel steht auf und weist einer großen Schar Juden, zum Teil mit Namen wie Rothschild und Bamberger versehen, den Weg zum Orient: „Da ist der Michel aufgewacht und hat sie auf den Schub gebracht." Der Lösungsvorschlag nimmt fast schon die nationalsozialistische ‚Endlösung' vorweg; wenn der Michel erwacht, entwickelt er unter ideologischen Vorzeichen kriminelle Energie.

Es ist schwer auszumachen, ob diese bedrohliche Seite oder ob die despektierliche Verdummung der Gestalt mehr dazu beigetragen hat, daß sie im allgemeinen Bewußtsein keinen wichtigen Platz mehr einnimmt. Nach der Wiedervereinigung tauchte in Karikaturen der ‚doppelte Michel' auf, der dem wohlgenährten Westmichel einen abgewirtschafteten Namensbruder beigab. In anderen Karikaturen steht der Michel gelegentlich betroffen vor irgendwelchen amtlichen Zumutungen, und Journalisten reden vom deutschen Michel, wenn sie Rückständigkeiten und Versäumnisse beklagen – dafür gibt es allerdings immer wieder Anlässe. Was nicht ganz verschwunden ist, das ist die halb mitleidige und halb wehleidige Interpretation der deutschen Geschichte; Schlagworte wie das vom deutschen Sonderweg oder das von der verspäteten Nation klingen dann so, als wäre der deutsche Michel jahrhundertelang von anderen im Tiefschlaf gehalten worden.

Nach dem Ersten Weltkrieg wurden übrigens sogar Märchendeutungen populär, in denen die zentralen Märchenfiguren mit

Deutschland gleichgesetzt werden, weil sie so viel ertragen müssen, aber natürlich auch, weil sie am Ende über ihre Widersacher siegen. Rotkäppchen wird vom Wolf gefressen, aber vom Jäger befreit; Schneewittchen wird von der Königin gequält, aber am Ende von einem Prinzen erwählt; Aschenputtel gleichermaßen. Einer der Interpreten siedelt dieses Märchen an im „deutschen Haus", und er schreibt zum Gang der Handlung: „Es muß alles erfüllt werden: Gold und Silber, Perlen und Edelsteine den Fremden, den Unersättlichen. Lassen wir sie ihnen, wenn es das Schicksal so will. Wenn die Zeit erfüllt ist, dann wird uns auch von diesen äußeren Gütern, was wir brauchen. Denken wir an den Schluß der echten Märchen." Die Märchen wurden nicht zuletzt deshalb als Träger solcher Nationalsymbolik anerkannt, weil sie für urdeutsch gehalten wurden – dabei hatte die seriöse Märchenforschung längst ihre weite Verbreitung und für viele auch die fremde Herkunft nachgewiesen. Schon die Brüder Grimm hatten wichtige Gewährsleute in hugenottischen Familien gefunden, die französische Erzählungen weitergaben. Das liebenswerte Rotkäppchen war ursprünglich *le petit Chaperon rouge*, bekannt geworden in einer schriftlichen Fassung von Charles Perrault aus dem 17. Jahrhundert, die allerdings damit endet, daß der Wolf das Mädchen frißt.

Aus den abstrusen Märchendeutungen läßt sich ebenso wie aus der Michel-Überlieferung das Schema ableiten: lange Not und Benachteiligung und schließlich der Aufbruch, der Weg zum Glück. Das ist aber nicht das einzige Schema der Selbstcharakteristik, das aus der Literatur gewonnen wurde. Die aktive Variante ist „das Faustische", das immer wieder als eine typisch deutsche Haltung herausgestellt wurde. Im Jahr 1993 erschien ein Buch von Bernard Nuss ‚Über die Mentalität der Deutschen' unter dem Titel ‚Das Faust-Syndrom'. Nuss skizziert zunächst Deutschlands geschichtliche Hypotheken; als Spiegelbild des historischen, religiösen und politischen Chaos sieht er im Charakter der Deutschen eine „innere Verwirrung", die widersprüchliches Verhalten erzeuge. Aber dann kommt die Wendung: „Und dennoch gelingt es ihnen, ihre Energie zu idealisieren, um daraus eine Art ‚faustische' Kraft zu gewinnen, die auf das Absolute und Erhabene hinwirkt." Nuss bleibt dabei nicht stehen; er betont, daß der Deutsche „keinen geradlinigen Charakter" habe, daß „ihm der

Sinn für Ebenmaß und Toleranz" fehle und daß er leicht von einem Extrem ins andere falle. Er verkürzt das Faustsyndrom also nicht auf ein griffiges Ideal, aber das ständig präsente literarische Vorbild hebt die Charakteristik doch ins Positive. Es handelt sich um einen erstaunlichen Versuch, zu dem ausdrücklich gesagt werden muß, daß er nicht von einem Deutschen stammt. Bernard Nuss ist Franzose, lernte freilich als Presseattaché in Bonn die Deutschen recht gut kennen.

Deutsche neigen heute eher dazu, den Vergleich mit Faust zurückzuweisen oder doch tiefer zu hängen. Johannes Gross pointiert: „Die Deutschen sind so faustisch wie die Engländer hamletisch, wie die Spanier donquichottisch." Aber Faust wurde oft und lange als Repräsentant des Deutschen betrachtet, und deshalb ist die Frage sinnvoll, welche Vorstellungen dabei im Vordergrund standen. Es war nicht die Verbindung universaler Perspektiven mit resignativer Ironie, die den zweiten Teil von Goethes Drama bestimmt; es waren auch nicht die Zweifel und das Schuldbewußtsein, die Faust von Anfang bis Ende begleiten – Faust war einer, der durch alle Anfechtungen hindurch den richtigen Weg suchte und fand. Das Faustische: das war zielbewußte Energie, Tatkraft, Eroberung. Hermann Glaser erwähnt den Appell, den Reichspräsident und Reichsregierung zum hundertsten Todestag Goethes im März 1932 – also noch vor der nationalsozialistischen Machtübernahme – verkündeten: Der Gedenktag sei „ein Weckruf für das Einheitsbekenntnis des über die ganze Erde verstreuten Deutschtums"; und er zitiert Alfred Rosenberg: „Der größte Hymnus auf die menschliche Tätigkeit ist Faust."

In Nuancen unterscheiden sich die Faust-Bilder; aber es gibt Züge, die fast durchgängig hervorgekehrt wurden. Faust ist ein Mensch, der „immer strebend sich bemüht", was weniger als Anstrengung um ständige geistige und moralische Höherentwicklung verstanden wurde als in dem Sinn, daß Faust sich nicht unterkriegen läßt. Faust ist eine sehr männliche Gestalt. Das treuherzige, arme Gretchen, die ins Mythische gesteigerten Mütter, die unerreicht schöne Helena, all das sind für Faust Begegnungen, Prüfungen auch, letztlich Garnierungen, keine eigenen Ideale. Schließlich und vor allem: Faust als Mann der Tat – das war das Gegenbild zum schlafenden Deutschen Michel und zu allen Selbstbildern, die das idealistische Wesen betonten. Hölderlin hatte die Deutschen als „thatenarm und gedankenvoll" bezeichnet; dies war die verdichtete Fassung einer verbreiteten Selbstcharakteristik. Im Jahr 1862 besuchte der deutsche Ingenieur und Schriftsteller Max Eyth die Londoner Weltausstellung; aufgrund seiner Eindrücke formulierte er den „Unterschied zwischen dem deutschen und englischen Dichten und Trachten als den zwischen Denken und Handeln, zwischen Vergangenheit und Zukunft". Faust aber wurde aufgefaßt als Handelnder, der in die Zukunft plante. In seinem Zeichen wurde auch die Technik aufgewertet, die in Deutschland zwar von einigen leidenschaftlich gefördert, von vielen aber mit großer Skepsis betrachtet wurde. Der faustische Deutsche in Oswald Spenglers Zukunftsvisionen verbindet discipliniert-militärisches Preußentum mit technisch-naturwissenschaftlicher Intelligenz.

Der deutsche Michel, der faustische Mensch – das sind Rollen, die den Deutschen fest zugewiesen sind und die über längere Zeiträume hinweg immer wieder ins Repertoire genommen werden. Daneben gibt es andere literarische Gestalten, die nicht von vornherein als deutsch etikettiert sind, die aber als bewunderte Vorbilder fungieren und die in besonderen Konstellationen wenigstens für kurze Zeit zu nationalen Symbolen aufsteigen können. Von den ‚deutschen' Märchenfiguren war schon die Rede. Ihnen kann beispielsweise ‚Siegfried' an die Seite gestellt werden, der im Zentrum der oft als Nationaldichtung verstandenen Nibelungensage steht, ein junger Held, der aber in seinem durch Hagens Verrat besiegelten Schicksal auch deutsche Tragik repräsentiert – die verkörperte Dolchstoßlegende.

In der neuen Literatur sticht eine Gestalt hervor, die zwar kaum Chancen hatte, ausdrücklich zum literarischen Nationalhelden und zum typischen Deutschen erkoren zu werden – die Geschichten, in denen sie eine Hauptrolle spielte, wurden von den Gralshütern der nationalen Kunst nicht akzeptiert, teils wegen ihres trivialen Strickmusters, teilweise auch weil ihr Verfasser eine moralisch umstrittene Person war. Aber der Popularität von Karl May tat das kaum Abbruch, sein ‚Old Shatterhand' war ein deutscher Überheld. Und sicher wurde deutscher Ehrgeiz angestachelt durch die „stupenden Fähigkeiten Shatterhands, der besser reitet als ein Apache, sicherer trifft als Lederstrumpf, den Lasso gewandter wirft als ein Cowboy, die Bolas fixer schleudert als der

Gaucho, im Tomahawkwerfen den Sioux beschämt, in der Handhabung des Czakan den Skipetar übertrifft und im Speerkampf über den Beduinen obsiegt; der ficht wie ein altfranzösischer Edelmann und schwimmt wie ein Polynesier, der hohe Politik treibt wie ein Bismarck und Feldherrngaben entwickelt wie ein Moltke". Diese Aufzählung stammt aus einem Essay des Malers und Dichters Rudolf Schlichter. Sie ist nicht Teil einer Laudatio, sondern eine bittere Anklage. Schlichter ist überzeugt, daß „der im pubertären Stadium steckengebliebene deutsche Allerweltsbramarbas" sich an Karl Mays Phantasiegestalt aufgeilte und sich „an die Legende vom unbesiegbaren Deutschen gewöhnte".

Freunde der Abenteuergeschichten Karl Mays werden sich gegen diese kompromißlose Kritik wehren. Schließlich ist Old Shatterhand der Kampfgenosse und sogar der Blutsbruder des Indianerhäuptlings Winnetou, und er verfolgt mit seinen Taten nicht nationale deutsche Interessen, sondern bewegt sich souverän im Koordinatennetz fremder Kulturen – in Amerika ist Old Shatterhand ein halber, manchmal sogar ein hundertfünfzigprozentiger Indianer. Allerdings muß man dagegen fragen, ob nicht Winnetou, der ja zum Christentum bekehrt wird, ein halber und manchmal hundertfünfzigprozentiger Deutscher ist. Die Geschichten Karl Mays sind sicher auch als – im einzelnen durchaus problematische – eine Einführung in das Geflecht exotischer Kulturen gelesen worden; aber dies schloß für einige Generationen die Erbauung an deutschem Heldengeist und deutscher Perfektion nicht aus.

Heute fügt sich die Karl-May-Lektüre sehr viel stärker ein in die internationale Abenteuerliteratur, für die eine nationale Abstempelung der Helden fast nur noch dazu dient, eine Konstellation der Gegnerschaft und damit der Spannung aufzubauen. Auch dies kann im konkreten Fall zu nationalistischen Begleitgefühlen führen; aber im Horizont der auf weltweiten Absatz bedachten Unterhaltungsindustrie treten die nationalen Prägungen zurück – in den Produkten, aber auch in den Köpfen der Rezipienten. Old Shatterhand steht inzwischen Tarzan näher als deutschen Kriegshelden. Und ganz allgemein gilt: Es werden zwar immer wieder einmal literarische oder auch filmische Gestalten als typisch deutsch interpretiert – aber der Weg zum nationalen Symbol scheint verstellt.

Deutsche Landschaften

Wenn Deutsche ihre Ferien in Dalarne verbringen, ist es für sie, auch wenn sie die Besonderheiten dieser Provinz erkennen und genießen, eine schwedische Erfahrung; und wer an die Algarve reist, erlebt Portugal. Die Regionen tragen bei aller Eigenheit auch nationale Züge, und für die von außen kommenden Besucher läuft beides zusammen. In diesem Sinn ist die Liste deutscher Landschaften endlos lang: Dithmarschen: eine deutsche Landschaft. Mecklenburger Seenplatte, Niederlausitz, Vogtland, Fränkische Schweiz, Bayerischer Wald, Schwarzwald, Solling, Ruhrgebiet, Sauerland und so weiter: alles deutsche Landschaften. So werden sie in den Reiseprospekten verkauft, und so empfinden es die Gäste aus dem Ausland.

Aber es gibt auch einige wenige Landschaften, denen das Deutsche tiefer eingeschrieben scheint und die auch innerhalb der Staatsgrenzen einen ausgeprägt nationalen Charakter behaupten oder behaupteten. Das nationale Durchtränktsein (um bloße Tünche handelt es sich nicht) geht auf historische Ereignisse oder Konstellationen, jedenfalls auf die geschichtliche Überlieferung zurück. Von der sogenannten Hermannsschlacht war schon die Rede im Zusammenhang mit dem Erinnerungskult des 19. Jahrhunderts; das Arminiusdenkmal sollte den germanischen Sieg über die Römer ins Gedächtnis rufen. Aber über das Denkmal hinaus galt der ganze Schauplatz der Auseinandersetzung als nationale Erinnerungsstätte: der Teutoburger Wald. Heinrich Heine hielt auch hier Distanz:

> Das ist der Teutoburger Wald,
> Den Tacitus beschrieben,
> Das ist der klassische Morast,
> Wo Varus steckengeblieben.

Aber diese Ironie war die Antwort auf eine nurmehr schwer vorstellbare schwärmerische Begeisterung, die eine ganze Reihe romantischer Dichter den Wald mit den alten Heldenfiguren beleben ließ. Ungefähr zur gleichen Zeit, als Heines Gedicht entstand, beschrieb Levin Schücking seine Impression bei einer Wanderung in dem ausgedehnten Waldgebiet: „Wer sagt Euch, daß der Holzhauer, der dort mit der blankgeschliffenen Axt auf der Schulter, selbst eine patriarchalisch ungeschliffene Figur im groben Kittel, dem ausgefahrenen Geleise eines Hohlwegs folgt, nicht einer der deutschen freiheitsschwärmenden Jünglinge sei, der zu seinen langlockigen bärenhäutigen Brüdern eilt, um in der Dörenschlucht und dem Paß am Falkenberg auch sein Trinkhorn mit Römerblute zu füllen?" Die Bewohner der Landschaft werden in die Vergangenheit projiziert, wie Arminius in die Gegenwart geholt wird.

Im Teutoburger Wald stehen auch die Externsteine, 13 hohe und schmale Sandsteinfelsen in relativ engem Umkreis. Der nationale Charakter der Landschaft hat sich auch auf dieses Naturdenkmal übertragen: Es wurde vereinzelt als Ort vorgeschichtlicher Sonnenverehrung, häufiger als germanische Kultstätte interpretiert. In einen der Felsen wurde im 12. Jahrhundert eine Kapelle eingebaut; ein kunsthistorisch bedeutendes Reliefbild aus jener Zeit stellt die Kreuzabnahme dar. Während aber dieses Bild im populären Diskurs kaum gegenwärtig ist, kreisen die Spekulationen um die Entstehung, den Sinn und den Ritus des vorchristlichen Kults, und so trugen auch die Externsteine dazu bei, daß der Teutoburger Wald eine nationale Landschaft geblieben ist.

Im Verlauf des 19. Jahrhunderts hat sich diese Prägung durchgesetzt – vorher war sie sehr viel weniger deutlich. Ende des 18. Jahrhunderts folgte Friedrich Gottlieb Klopstock einer anderen historischen Hypothese und siedelte die Kämpfe gegen den römischen Feldherrn Varus im Harz an – in der Nähe seiner Heimatstadt Quedlinburg. Klopstock ist vor allem durch sein religiöses Epos ‚Der Messias' bekannt geworden und geblieben; er ist aber auch der Schöpfer des patriotischen Weihespiels. Drei seiner Dramen feiern Hermann den Cherusker; sie haben sicher wesentlich dazu beigetragen, daß auch der Harz national überformt wurde. Um 1800 galt diese Gebirgsregion als der „teutonischste", der am stärksten germanisch geprägte Distrikt.

Wenn der Harz als eine besonders deutsche Landschaft empfunden wurde, wirkten außer der falschen Lokalisierung des germanischen „Befreiungskriegs" aber auch andere Traditionen und die natürliche Beschaffenheit mit. Der Harz – im Norden manchmal als höchste Erhebung Deutschlands betrachtet – galt als besonders unzugänglich und unheimlich. Die dunklen Wälder gaben ihm diesen Charakter, aber auch das rauhe Klima; noch im ausgehenden 19. Jahrhundert machen sich Karikaturen über die Wanderer lustig, die zur Besichtigung in den Harz kommen und am Ende nichts gesehen haben als Nebel. Die düstere, undurchsichtige Atmosphäre mag ihrerseits dazu beigetragen haben, daß der Harz schon in früheren Jahrhunderten mit Dämonen bevölkert wurde. Vor allem galt der Brocken, der höchste Berg, als der wichtigste Treffpunkt der Hexen. Was dort heute in der Nacht zum 1. Mai, der Walpurgisnacht, spielerisch und mit feministischen Begleittönen vorgeführt wird, war einmal Gegenstand realer Ängste. Nicht nur als ein deutsches Schlachtfeld galt der Harz, sondern auch als ein deutscher Hexentanzplatz – wobei zu dieser nationalen Abstempelung möglicherweise auch beigetragen hat, daß die Harzregion keine politische Einheit bildete, daß man von dort vielmehr einen freien Blick auf ein Dutzend verschiedene Territorien hatte: „Mit bloßen Augen", heißt es in einem Handbuch für Reisende aus dem Jahr 1801, „wie auf einer Landkarte, siehet man die Grafschaften Stollberg und Mansfeld, die Fürstenthümer Blankenburg, Halberstadt und Anhalt, einen Theil von Schwarzburg und Hessen, die Harz-Thüringischen und Hessischen Gebirge, das Eichsfeld, den Inselberg und Schloß Friedenstein bey Gotha …" Das war kurz vor der napoleonischen Reform; aber auch danach trafen im Harz die Königreiche Preußen und Hannover und das Herzogtum Braunschweig zusammen. Der Harz gehörte keinem der kleinen Staaten – oder vielmehr: er gehörte allen, letztlich auch denen, deren Grenzen nicht dort verliefen, deren Bewohner in dieser Landschaft aber ein deutsches Symbol sahen.

Friedrich Ludwig Jahn schloß seine als Erziehungsbuch konzipierte Schrift ‚Deutsches Voklsthum' mit einem kurzen Kapitel über „Vaterländische Wanderungen" ab. Das Reisen in Deutschland sollte patriotische Empfindungen wecken, die Erkundung einzelner Landschaften dazu beitragen, daß ein Gefühl für das Ganze der Nation entstand. Im Prinzip galt das für alle Wanderbewegungen in und zwischen den deutschen Ländern: „Ein Örtchen, äußerlich unansehnlich und sonst unbedeutend, wird uns lieb, sobald Menschen darin wohnen, die uns angehen", schreibt Jahn. Aber es bildeten sich doch Schwerpunkte heraus – Gegenden, die bei aller Eigenart auf das größere Ganze verwiesen: deutsche Landschaften. Dazu gehörte außer dem Teutoburger Wald und dem Harz vor allem das Rheinland, das im Verlauf des 19. Jahrhunderts zum bevorzugten Reiseziel nicht nur von einzelnen, sondern auch von größeren Gruppen wurde. Gesangsvereine legten Wert darauf, die populären Rheinlieder an Ort und Stelle zu singen, und auch für die Turnvereine gehörten Ausflüge an den und auf dem Rhein zu den Höhepunkten.

Im Harz überspielte die Formung einer nationalen Landschaft die vorhandenen Grenzen; im Rheinland war es die Grenze, die der Landschaft einen nationalen Charakter gab – die Grenze nach außen, gegen Frankreich. Das Rheinland, das über die Jahrhunderte hinweg immer wieder kriegerische Auseinandersetzungen erlebt hatte, wurde zum bevorzugten Ort nationaler Denkmäler, und in vielen Liedern kam im Bekenntnis zum deutschen Rhein die nationale Gesinnung zum Ausdruck. Aber das Rheingebiet wurde auch als Ganzes zur nationalen Landschaft.

Ein wichtiger Anstoß kam dabei von außen: die touristische Entdeckung des Rheinlands durch die Engländer. Zunächst war es für die vornehmen englischen Reisenden nur Durchgangsgebiet auf dem Weg nach Italien; aber Ende des 18. Jahrhunderts entwickelten sie einen besonderen Sinn für alle „gotischen" Szenerien. Schon 1791 kam in England ein illustrierter Reisebericht über den Rhein heraus, und britische Touristen beherrschten zunächst weiterhin das Feld. Lord Byron rühmte in eindringlichen Versen die Schönheit der Landschaft um den Drachenfels, und das erste der schnell berühmt gewordenen ‚Red books‘ von Murray war 1836 den Niederlanden, Belgien und dem Rheinland gewidmet.

Zu dieser Zeit hatten aber auch die deutschen Romantiker den Reiz der rheinischen Landschaft entdeckt und propagiert, und drei Jahre nach Murray startete Carl Baedeker seine langlebige Serie von Reiseführern mit der Beschreibung einer ‚Rheinreise von Straßburg bis Düsseldorf‘. Für die deutschen Reisenden war aber das romantisch-ästhetische Erlebnis überlagert von politischen Überlegungen. Schon 1795 war anonym ein Bericht über ‚Wanderungen durch die Rhein- und Mayn-Gegenden‘ herausgekommen, in dem der Verfasser Franzosen und Deutsche vergleicht und das „deutsche Wesen" lobt, das sich für ihn aus „Kälte, Männlichkeit, Starre" zusammensetzt. Glücklicherweise mußte es nicht ganz bei dieser herben Charakteristik bleiben – aber jedenfalls war damit der nationale Ton angeschlagen, der das deutsche Rheinerlebnis im 19. Jahrhundert ziemlich durchgängig bestimmte.

In den ‚Fliegenden Blättern‘, einem satirischen Journal, erschien 1860 ‚Herrn Grafs Rheinreisetagebuch‘, der ironisch gehaltene Bericht einer Tour zum „alten Herrn Vater Rhein". Der Schreiber verschweigt nicht, daß er gemeinsam mit seinem Freund dieses Reiseziel gewählt hat, „da man dort mit eine[r] schöne[n] Gegend auch den so sehr berühmten Rebensaft verbinden kann", und er illustriert sein Tagebuch mit einer Kartenskizze des Rheins zwischen Ingelheim und St. Goar, wobei den Fluß nicht etwa Sehenswürdigkeiten säumen, sondern Fässer und Weinflaschen, deren Herkunft genau vermerkt ist. Aber so eindeutig das Motiv für die Reise ist – selbst in diesem Rahmen wird die nationale Frontstellung thematisiert: In den Geschichtsbüchern könne man nachlesen, „daß die Herrn Franzosen es gewesen sind, welche am meisten zur Verschönerung von der Rheingegend beigetragen haben" – indem sie nämlich „diese lieblichen Ruinen fabrizierten". Und da sie so viel Geschmack an der Zerstörung fänden, „so könnte man ihnen ja auch vielleicht den Gefallen tun und ihnen in ihrem eigenen Lande einige Dutzend Ruinen fabrizieren".

Die nationale Prägung bleibt eingraviert in die Rheinlandschaft – was aber natürlich nicht heißt, daß jede Rheinreise von Deutschen eine Demonstration gegen Frankreich war. Rhein reimte sich weiterhin auf Wein, und romantische Zeichnungen, Geschichten und Gedichte gaben dem Tal eine eigene Atmosphäre. Die ‚Loreley‘ ist ein Beispiel dafür: Während in früheren Jahrhunderten nur das erstaunlich klare Echo dieses Felsens am Rheinufer die Reisenden beschäftigte (hervorgerufen wird es wahrscheinlich durch das löcherige Felsgestein), belebte Brentano den Felsvorsprung mit einer schönen Nymphe, die wie eine Sirene die Schiffer ablenkt und ihnen den Tod bringt. Heines Gedicht in Silchers Vertonung hat diese Loreley populär gemacht; sie gilt im allgemeinen nicht mehr als poetische Erfindung, sondern als Gestalt einer alten Volkssage.

Auch die Burgruinen an den Ufern des Rheins und anderswo wurden in eine romantische Perspektive gerückt: geheimnisvolle Überreste ferner Zeiten, schöne Zeugnisse der Vergänglichkeit. Aber das schloß nicht aus, daß auch die Ursachen der Zerstörung mit bedacht wurden. In Heidelberg wurden zweimal Teile des

Schlosses zerstört, 1693 beim Einfall der Franzosen, nach dem Wiederaufbau erneut im Jahr 1764 durch einen Blitzschlag. In den Kommentaren deutscher Besucherinnen und Besucher steht meist die kriegerische Zerstörung im Mittelpunkt – vielleicht allerdings auch deshalb, weil sich damit ein friedlicher Kontrapunkt verbinden läßt: Es war ein Franzose, Graf Charles de Graimberg, der die Rettung der Schloßruine zu seiner Lebensaufgabe machte, während die deutschen Bürger einige Zeit nur einen profitablen Steinbruch darin sahen. Für die touristische Anziehungskraft Heidelbergs gibt es übrigens noch einen zweiten ausländischen Impuls. Im Jahr 1901 entstand das Theaterstück ‚Alt-Heidelberg‘, in dem sich der an der Universität studierende Erbprinz in eine schöne Kellnerin verliebt. Dieses Schauspiel, in dem alle Klischees studentischer Wein- und Liebesseligkeit ausgemalt werden, trug zur Popularität der Stadt bei; aber erst die Hollywood-Verfilmung von 1927 gab der touristischen Nachfrage aus dem Ausland den entscheidenden Schub.

Heidelberg: typisch deutsch. Es sind nicht nur ganze Landschaften, sondern auch einzelne Städte, bei denen – und nicht nur für Gäste aus dem Ausland – die deutsche Prägung in den Vordergrund tritt. Im allgemeinen heißt das: die altdeutsche Prägung. Sie unterscheidet sich in verschiedenen Regionen – Backsteingotik im Norden, Fachwerkbauten in der Mitte und im Südwesten, barocke Formen im Südosten. Zu den beliebtesten Reisezielen in Deutschland zählt die bayerisch-fränkische Stadt Rothenburg ob der Tauber. Dort scheint das mittelalterliche Stadtbild mehr oder weniger vollständig erhalten. Die alte Stadtbefestigung schließt die auf einem Sporn gelegene Stadt fast vollständig ein; man kann sich auf den Wehrgängen bewegen, sieht alte Klosteranlagen, gut erhaltene Stadttore, prächtige Fachwerkfassaden. An einem Haus am Marktplatz ist eine alte Uhr angebracht; sie funktioniert nach dem Prinzip der Kuckucksuhren, gibt zu bestimmten Zeiten eine Öffnung frei, aus der die mit einer einfachen Mechanik bediente geschnitzte Figur des Bürgermeisters kommt – er hebt einen großen Krug zu seinem Mund und leert ihn mit einem Zug. Dies ist die symbolische Wiederholung eines angeblichen historischen Ereignisses, das in Rothenburg auch immer wieder als Schauspiel aufgeführt wird: Als im Dreißigjährigen Krieg die kaiserlichen Truppen die Stadt bedrohten, wettete der Bürgermeister, er könne einen Krug mit über drei Litern Bier in einem Zug leeren – der Kommandeur der Truppen hielt dagegen, der Bürgermeister gewann, und die Stadt wurde verschont.

Was so als historische Kontinuität präsentiert wird, ist aber in Wirklichkeit das Ergebnis einer historisierenden Zubereitung. Es ist richtig, daß von der alten Befestigung der Stadt verhältnismäßig viel erhalten geblieben ist; aber einiges war doch zerfallen, und das Fachwerk der Stadthäuser war gegen Ende des 19. Jahrhunderts großenteils beseitigt oder zugegipst. Erst um die Jahrhundertwende begannen die Bestrebungen, das ‚historische‘ Stadtbild wiederherzustellen. 1897 wurde ein Verein ‚Alt-Rothenburg‘ gegründet, nachdem vorher schon ‚Der Meistertrunk‘, das Spiel über die Heldentat des trinkfesten Bürgermeisters, konzipiert worden war. Die Historisierung ging weiter: Ein Berliner Fabrikant, der regelmäßig als Gast nach Rothenburg kam, stiftete die Uhr mit der Vorführung des Meistertrunks; alte Trachten wurden neu entworfen; von einem Nürnberger Abrißhaus wurde ein Teil zur Ergänzung der Balustrade gekauft, und vor allem wurden allenthalben Fachwerkfassaden errichtet – unabhängig davon, ob es früher an den betreffenden Häusern Fachwerk gegeben hatte, und unabhängig auch davon, welche modernen Zweckräume sich hinter den altertümelnden Fassaden versteckten.

Die historisierende Zubereitung erinnert an die lange Epoche vor 1803, in der Rothenburg eine Freie Reichsstadt war. Ein selbständiges Gemeinwesen, das zwar praktisch immer wieder in Abhängigkeiten zu benachbarten Herrschaften geriet, das aber formal nur den Kaiser über sich hatte und in dem sich naturgemäß eine ausgeprägte Hierarchie und ein erheblicher Lokalstolz der Bürger herausbildete. Die Intensität, mit der gerade auch in solchen Städten Vergangenes rekonstruiert und konstruiert wird, ist zum Teil als kompensatorische Anstrengung zu verstehen. Das Ende der Reichsstadtzeit brachte einen erheblichen wirtschaftlichen und politischen Bedeutungsverlust mit sich, der den früheren Zustand in besonders helles Licht rückte. Aber die bemühte Stilisierung aufs Alte entspricht auch einem gängigen Muster, das unabhängig von der konkreten historischen Entwicklung als ‚deutsch‘ empfunden wird; was unter Stichworten wie „Enge“ oder auch „Gemütlichkeit“ diskutiert wurde, findet hier seinen architektonischen und atmosphärischen Ausdruck.

Vor einem Vierteljahrhundert schrieb der schwedische Schriftsteller Lars Gustafsson eine Skizze über Deutschland. Darin heißt es: „Das einzige, was in der Bundesrepublik noch deutsch aussieht, ist Goslar zur Weihnachtszeit." Goslar im Harz, mit der Kaiserpfalz, mit Teilen der Stadtbefestigung und mit schönen alten Bürgerhäusern – das ist eine Parallele zu Rothenburg. Gustafsson bestätigt mit seiner pointierten Formulierung, die auch noch die weihnachtliche Stimmung einbezieht, den ‚deutschen' Charakter solcher Städte. Aber er gibt auch zu erkennen, daß es sich um Inseln handelt, daß sich Deutschland weithin von dieser Inszenierung der Vergangenheit verabschiedet hat. Das ‚typisch Deutsche' erscheint so in gewisser Weise als Relikt. Ich füge hinzu: als Relikt, dessen Ausstrahlung nicht unterschätzt werden sollte. Aber es muß auch gefragt werden, wie und wie weit sich die Deutschen von den alten Mustern entfernt haben.

IV. Typisch deutsch – ein Auslaufmodell?

Sind wir ein Volk?

Bei den Demonstrationen, die der Öffnung der Grenze zwischen DDR und BRD im November 1989 vorausgingen, skandierten Männer und Frauen: „Wir sind das Volk" – Protest gegen die undemokratische Herrschaft der Parteielite. Als die Vereinigung mit der Bundesrepublik in den Horizont des Möglichen rückte, hieß die Parole: „Wir sind ein Volk". Die aufflackernde Begeisterung über die politische Wende, die trotz manchen hoffnungsvollen Signalen niemand so schnell und so radikal erwartet hatte, die Verbrüderungsszenen an der durchlässig gewordenen Berliner Mauer, die herzliche Begrüßung von Besucherinnen und Besuchern aus der DDR in grenznahen Orten – all das war eine jubelnde Bestätigung: Wir sind *ein* Volk. Ein knappes Jahr später, als die Wiedervereinigung staatsrechtlich besiegelt wurde und die *eine* Nation politische Gestalt annahm, war die Begeisterung schon merklich abgekühlt; das Bild von der Mauer in den Köpfen machte Karriere, und der feierliche Kampfruf der Wendezeit rutschte ab in die Sphäre sarkastischen Humors: „Wir sind ein Volk!" sagt der ‚Ossi' – und darauf der ‚Wessi': „Wir auch."

In den Jahrzehnten der Teilung wurde häufig mit dem Konzept der Kulturnation operiert: zwei Staaten – aber eine gemeinsame Kultur. Der Begriff, der ursprünglich auf die deutschen Gemeinsamkeiten in der historischen Phase der Kleinstaaterei gemünzt war, wurde damit in die Gegenwart des 20. Jahrhunderts transponiert. Tatsächlich gab es Parallelen und auch Brückenschläge im Zeichen einer gemeinsamen künstlerischen Tradition; klassische Dichtung und Musik beispielsweise verbanden Ost und West, wenn auch die Begründungen der Wertschätzung auseinanderliefen, die Akzente verschieden waren. Aber „Kulturnation" blieb angesichts der politischen Unterschiede eine blasse Formel. Es gab auch leidenschaftlichere Beschwörungen der Einheit. Martin Walser zum Beispiel wurde nicht müde, „unblamiertes Deutsches" auch im Osten zu suchen und in Essays und Reden die eine Nation als realisierbare Möglichkeit darzustellen – gegen pragmatische politische Überlegungen, welche die deutsche Teilung zementiert sahen in der als unveränderlich betrachteten weltpolitischen Ost-West-Konfrontation, vor allem aber auch gegen die in der Bundesrepublik vorherrschende relative Gleichgültigkeit. Sie wurde aufgebrochen durch politische Initiativen wie die Besuche Willy Brandts in der DDR oder auch durch Aktivitäten wie die des ‚Kuratoriums Unteilbares Deutschland', blieb aber im ganzen doch bestehen. In einer rückblickenden Diskussion über die deutsch-deutschen Beziehungen sprach ein Professor versehentlich vom „Kuratorium Undankbares Deutschland" – das war so falsch nicht: Daß die wirtschaftliche Rückständigkeit schon durch die unerbittlichen sowjetischen Reparationsforderungen programmiert war und daß der DDR von allem Anfang an eine offene, frei gestaltbare Zukunft verwehrt war, war zwar bekannt, aber im Bewußtsein der Westdeutschen nicht sehr gegenwärtig.

Im Westen beschränkte man die Charakteristik „deutsch" mehr und mehr auf die eigene Bevölkerung: Die DDR schien damit nicht mehr viel zu tun zu haben. Sie war bestimmt von Machtkonzentration, Kollektivierungsmaßnahmen und Zwangsverfügungen aller Art, war geprägt von einer ‚Durchstaatlichung' des Lebens, deren volles Ausmaß erst nach der Wende durch die Aufdeckung der absurden Kontrollmechanismen sichtbar wurde. Das war eine andere, fremde Welt, von der man sich distanzierte. Als typisch deutsch wurde allerdings im Westen und zum Teil auch im Osten die borniert Radikalität bezeichnet, mit der die Parteilinie verfolgt und die Überwachung durchgeführt wurde. Tatsächlich wanderte – den Verhältnissen im Kaiserreich und auch in der nationalsozialistischen Ära vergleichbar – quasimilitärisches Gehabe auch in die zivilen und halbzivilen Dienstleistungsfunktionen ein; eine lässigere Handhabe von Grenzbestimmungen, die man in anderen sozialistischen Ländern durchaus erleben konnte, kam so gut wie gar nicht vor, und kommandierende Sachbearbeiterinnen und unfreundliche Kellner gelten bis heute als bezeichnende Relikte der DDR-Zeit.

All das gehörte zur – in vieler Hinsicht häßlichen oder doch unvorteilhaften – Schauseite der DDR; aber damit war das Leben der Menschen in jenem Staat nicht vollständig definiert. Falsch wäre es, eine schematische Trennlinie zu ziehen zwischen der staatlich aufgeführten Fassade und dem eigentlichen Leben der

Leute, das sich hinter dieser Fassade entwickelte. Die staatlichen Vorschriften und Maßnahmen wirkten tief in den Alltag hinein: Der Lebensstandard wurde nicht nur durch die internationale Konstellation, sondern auch durch eine rabiate Planwirtschaft niedrig gehalten; früher selbständige Bauern landeten in Landwirtschaftlichen Produktionsgenossenschaften, höhere Positionen und auch akademische Ausbildungsgänge waren für Teile des Bürgertums kaum mehr, für andere Schichten sehr viel leichter als vorher zugänglich; die Arbeit von Frauen wurde gefördert und durch die Einrichtung von Kinderhorten und ähnlichen Institutionen abgesichert. Die staatlichen Vorgaben beeinflußten die Mentalität der Menschen. Aber in den Einstellungen und Haltungen, mit denen die Bevölkerung der DDR den neuen Zumutungen begegnete, wirkten auch ältere Muster nach und zeigten sich Parallelen zum anderen Teil Deutschlands.

Mit den Schlagworten „Nischengesellschaft" oder „Nischenkultur" wurde deutlich gemacht, daß sich die Menschen in der DDR jenseits aller Reglementierung und Sachzwänge Rückzugsräume sicherten, in denen sie ihren ganz eigenen Vorlieben nachgingen. In manchen Lebensbereichen waren die Nischen geräumiger, als es von außen den Anschein hatte. Ein gutes Beispiel dafür bietet der Tourismus. Als Anfang der neunziger Jahre erstmals die Werte der Reiseintensität für das vereinigte Deutschland errechnet wurden, lagen sie über den Prozentzahlen, die sich in den Jahren vorher für die BRD ergeben hatten. Für die Steigerung waren ostdeutsche Touristen verantwortlich. Man erklärte dies als Folge des Nachholbedarfs – schließlich gehörte „Reisefreiheit" zu den wichtigsten Forderungen während der Umbruchzeit; jahrzehntelang, so hieß es, waren die Menschen in ihrem Land eingesperrt gewesen, so daß ein Überdruck entstand, für den sich jetzt ein Ventil öffnete. An dieser Erklärung ist etwas Richtiges; aber sie verkennt, daß die Ostdeutschen auch zur DDR-Zeit ähnlich versessen auf Ferienreisen waren wie die Westdeutschen. Die offiziellen Reiseangebote – durch den Freien Deutschen Gewerkschaftsbund, durch Betriebe, die Ferienheime errichteten, durch den Kulturbund, den Deutschen Turn- und Sportbund und ähnliche Organisationen – waren subventioniert und daher preisgünstig; zum Teil führten sie über die Grenze (in die befreundeten sozialistischen Länder) und waren auch deshalb beliebt. Rund die

Hälfte aller DDR-Bewohnerinnen und -Bewohner war eingebunden in diese organisierte Reiseform. Dazu kamen private Erholungsreisen – zu Verwandten und Bekannten, aber auch zu offiziellen Camping- wie zu wilden Zeltplätzen. Dafür können weitere zehn Prozent angesetzt werden; Auf- und Ausbruch für kurze Zeit war also ebenso erwünscht und ebenso verbreitet wie in Westdeutschland.

Und ebenso wie in Westdeutschland war es ein Ausbruch aus relativer Enge, bei dem man aber möglichst viel von der häuslichen Gemütlichkeit mittransportierte. Sie war auch in der DDR wichtig; das Leben „in der Platte", also in den standardisierten Plattenbauten, war anders, als es die äußere Monotonie erwarten ließ, der Nüchternheit der Bauweise wurden kleinbürgerlich ausgeschmückte Wohnformen entgegengestellt. Vereine als Vermittlungsagentur von Gemütlichkeit spielten eine kleinere Rolle; um so häufiger waren nachbarschaftliche Zusammenkünfte, Treffen am Grill, in Kleingärten und auf Balkonen. Überhaupt ließen sich Eigenheiten, die den Deutschen seit langem unterstellt werden und für die es zumindest gewisse Indizien gibt, auch in der DDR feststellen, wenn auch in einer durch die äußeren Verhältnisse umgeprägten Form. Das gilt für Ordnung und Pünktlichkeit, die ihren Ausdruck teilweise in der Überorganisiertheit und Sturheit der Verwaltung fanden. Und es gilt andererseits für die Naturbegeisterung, die als Gegengewicht gegen die Reglementierung besonders bedeutsam war. Das Alltagsleben in der sich als fortschrittlich verstehenden DDR beherrschte ein konservativer Zug. Aus ökonomischen Gründen hielten die Menschen Gebrauchsgütern wie Möbeln und Kleidern länger die Treue als die Westdeutschen; aber auch immaterielle Güter waren im Privatbereich weniger Änderungsimpulsen ausgesetzt. Als in einer Umfrage nach repräsentativen deutschen Liedern gefragt wurde, entschieden sich die Ostdeutschen zu einem sehr viel höheren Prozentsatz als die Westdeutschen für alte Volkslieder wie ‚Am Brunnen vor dem Tore', ‚Das Wandern ist des Müllers Lust' oder ‚Sah ein Knab ein Röslein stehn'.

Mit diesem konservativen Zug korrespondierte aber das Bewußtsein des Ausgegrenztseins von wichtigen Entwicklungen. Die Reservate, die man sich bewahrt oder geschaffen hatte, hatten wenig Befreiendes an sich; sie waren bei aller Gefälligkeit und

Gefühligkeit überlagert von einer Atmosphäre der Dumpfheit. Das ist keine Projektion von außen, sondern kommt in literarischen Zeugnissen aus der DDR zum Ausdruck. Irina Liebmann erinnert sich: „Was mir damals am meisten fehlte, mehr als Bücher, als Reisen, als Geld, waren Schönheit, Luxus, Phantasie." Zweifellos hat die „ökonomische Magnetisierung des Westens", in der schon Kurt Schumacher das probate Mittel zur Herstellung der deutschen Einheit sah, die Krise und die politische Wende im Osten ganz wesentlich bestimmt; aber neben und vielfach vor diesem wirtschaftlichen Motiv war es der Wille zu größerer politischer Freiheit und zur Erweiterung persönlicher Spielräume, der den Menschen in ihrer Hoffnung auf einen Umbruch und schließlich in ihren Aktionen dafür den nötigen Rückhalt gab.

Ein gewisser Kaufrausch ließ sich nach der Wende zweifellos konstatieren. Manche Verbrauchsgüter, die zum erstenmal erreichbar waren, bildeten eine große Verlockung. Aber schon die enge Begrenzung der finanziellen Möglichkeiten sorgte dafür, daß der Ansturm auf Südfrüchte, Süßigkeiten und ähnliches eine kurze Episode blieb, deren kurios-heiterer Aspekt durchschaut wurde und an der sich zudem keineswegs alle Ostdeutschen beteiligten. In den Erinnerungsberichten von Ostdeutschen kommt dies deutlich zum Ausdruck. Eine junge Kellnerin erzählte beispielsweise, wie sie kurz nach der Maueröffnung von einem Filmteam interviewt wurde. „Was würdest Du Dir kaufen, wenn Du 1000 Mark West in der Tasche hättest?" lautete die Frage, und die ironische Antwort: „Ick würd mir für dett janze Geld Walnußeis von Mövenpick koofen." Die Banane repräsentierte sicherlich für kurze Zeit die Sehnsucht nach bescheidenem Luxus – aber vor allem war sie das ironische Symbol für eine Attitüde, die den Landsleuten ‚von drüben' durch die Westdeutschen unterstellt wurde: geile Kauflust auf niedrigem Niveau. Ganz abgesehen davon, daß es Verbrauchsgüter aus dem Westen und die in großer Zahl importierten Supermärkte aus Westdeutschland waren, die den Konsum anheizten – der Konsumismus der Ostdeutschen war zu großen Teilen eine Projektion aus dem Westen. Bei genauerem Zusehen zeigt sich (und empirische Studien haben die Beobachtung unterbaut), daß die Haltung vieler Ostdeutschen zum überquellenden Warenangebot eher skeptisch ist; das Behalten und Erhalten von Gebrauchsgütern spielt nach wie vor eine große Rolle, die Menschen sind nicht (noch nicht?) zur Wegwerfgesellschaft übergelaufen.

Verhältnismäßig schnell traten die Ostdeutschen auch demonstrativ den Beweis dafür an, daß sie keineswegs blindlings den materiellen Segnungen aus dem Westen nachjagen. Verschiedene Waren, die in der DDR-Zeit beliebt waren – beispielsweise Rotkäppchensekt und manche Thüringer Wurstsorten –, erlebten eine Renaissance und sind Teil einer sentimentalen Rückwendung, der man das sprechende (für Altphilologen allerdings wahrscheinlich ärgerliche) Etikett „Ostalgie" verpaßt hat. Die Nischenmentalität setzt sich hier unter veränderten Vorzeichen fort: Nach außen wird möglichst mit dem Westen gleichgezogen – in der flotten Machart der Kleidung etwa oder in der Wahl der Automarke. Im engeren Privatbereich dagegen steht man zu den alten Produkten, die einen unerwarteten Mehrwert gewonnen haben als Elemente gewachsener Identität, die man sich nicht nehmen lassen will. „Broiler fliegen durch den Himmel", heißt es in Wolf Biermanns Berliner Bilderbuch: Die Brathähnchen, für welche die im Westen ungebräuchliche Bezeichnung üblich war und ist, sind nicht mehr nur Nahrungsmittel, sondern, marxistisch gesprochen, auch Teile des Überbaus, Symbole einer willkommenen Rückerinnerung.

Der Ostalgie haftet etwas Spielerisches an, und sie wird außerdem kommerziell ausgenutzt; über einige beliebte Ost-Marken verfügen inzwischen West-Konzerne, welche die Produkte oder Produktmarken als willkommene Varianten in ihr Sortiment aufgenommen haben. Aber das Beharren auf DDR-Traditionen oder die Rückkehr zu ihnen signalisiert auch Protest – Protest gegen die schnelle Vereinnahmung und gegen die rücksichtslose Entwertung der lange Jahrzehnte gültigen Lebensformen. „Kaum daß wir den Westen hatten, hatte der Westen uns", notierte Thomas Rosenlöcher in seinem kritischen Rückblick auf die Wende. Zum Teil übersteigt das Bekenntnis zum Alten sichtbar das Nur-Spielerische: Die an die Stelle kirchlicher Feiern getretene Jugendweihe wurde nicht abgeschafft und hat zum Teil sogar an Boden gewonnen. Die Rekonfessionalisierung, die Rückkehr zu den Kirchen, ist ausgeblieben. Die problematische ökonomische Situation mit einem hohen Prozentsatz von Arbeitslosen trägt dazu bei, daß in die Ostalgie auch gesellschaftspolitische Erinnerungen eingespeist werden: Das Recht auf Arbeit war garantiert, wenn auch von einem ungeliebten Staat; soziale Sicherheit war vorhanden, wenn auch auf niedrigem Niveau. Das sind Aspekte, die nicht für alle Ostdeutschen im Vordergrund stehen. Aber für viele sind die unbestritten positiven Erfahrungen seit 1989 doch auch mit Verlustgefühlen durchsetzt – und eben dies schafft bis zu einem gewissen Grad eine gemeinsame ostdeutsche Identität.

Man hat in diesem Sinn von einer „Ethnisierung" der Ostdeutschen gesprochen: Die Bevölkerung der ehemaligen DDR fügt sich nicht einfach in eine gesamtdeutsche Identität, sondern bewahrt und entwickelt ein eigenes Profil, das sich von dem der Westdeutschen unterscheidet. Für dieses Verständnis als ethnische Gruppe, also als Gruppe, die sich ihrer Gemeinsamkeit bewußt ist, sprechen die mit dem Etikett der „Ostalgie" versehenen kulturellen Äußerungen, spricht aber auch die auffallende Tatsache, daß beispielsweise in Berlin der Prozentsatz der Eheschließungen zwischen Westberliner und Ostberliner Partnern sehr viel niedriger ist als der zwischen Berlinern und ausländischen Partnern. Ein wichtiges Moment der Gemeinsamkeit ist es auch, daß die volle Angleichung der Löhne und Gehälter an die Regelung im Westen bisher nicht vollzogen wurde. Diese Benachteiligung spielt sicher eine Rolle für das Verhalten bei Wahlen, das zwar in den verschiedenen deutschen Ostländern verschieden ist, sich aber überall vom westlichen unterscheidet.

All das rechtfertigt es, von den Ostdeutschen als einer Teilbevölkerung zu sprechen, in der es ein Bewußtsein der Zugehörigkeit gibt. Aber es handelt sich doch nur um eine partielle Ethnisierung, um eine Teilidentität, welche die Identifikation mit dem größeren Ganzen – mit Deutschland – nicht ausschließt und die außerdem mit anderen Teilidentitäten konkurriert: Die ‚Neuen Länder', in die das Gebiet der DDR aufgeteilt wurde, sind ja nicht nur politische Verwaltungseinheiten, sondern stehen in älteren historischen Traditionen und vermitteln den Bewohnerinnen und Bewohnern ihrerseits ein Gefühl der Zusammengehörigkeit. Sie fügen sich ein in die regionale Struktur, die auch die ‚Alten Länder' bestimmt und die nunmehr ganz Deutschland ihr Gepräge gibt.

Zum kulturellen Ausgleich zwischen Ost und West tragen aber auch Entwicklungen bei, die im Gegensatz zu den betonten Abweichungen wenig auffallen und fast unbemerkt vor sich gehen.

Das gilt nicht nur für die vielen Bereiche, in denen der Osten Modernisierungsrückstände rasch aufholte, so daß es zu einer Annäherung in den Lebensumständen kam – im Verkehr, im Gebrauch der Medien, in der Ernährung. Es gilt auch im Hinblick auf traditionelle Formen, die sich nach einer Flaute während der DDR-Zeit erholten und erneuerten. So hat das 40 Jahre lang unterdrückte oder doch an den Rand gedrängte Vereinswesen seine alte Bedeutung wiedererlangt, und kleinstädtische und dörfliche Feste, oft aus irgendeinem ,historischen' Anlaß, sind im Osten so verbreitet und beliebt wie in Westdeutschland.

Wichtiger aber als diese Übereinstimmung in traditionellen Bereichen ist möglicherweise der Ausgleich nach vorn, die Gemeinsamkeit von aktuellen Entwürfen und Zukunftsorientierungen, wie sie etwa in der Jugendkultur deutlich wird. Der ostdeutsche Beitrag zur Musikszene – während der DDR-Zeit im Westen wenig bekannt und zu Unrecht als nur-epigonal betrachtet – ist inzwischen weitgehend in die lebendige Aufführungspraxis integriert, ohne daß dabei die Herkunft immer herausgestellt wird; und natürlich haben sich die im Westen entwickelten Formen auch im Osten durchgesetzt. In diesem Bereich sind im übrigen West und Ost keine nationalen Markierungen, sondern internationale Richtungsanzeigen.

Dies steht nicht im Widerspruch zur Fahndung nach dem Deutschen: Der Ausgleich zwischen West und Ost, der im wiedervereinigten Deutschland dem Problem nationaler Eigenart eine besondere Note gibt, vollzieht sich teilweise im Zeichen der Internationalität.

Fremde Deutsche

In Deutschland leben, bei einer Bevölkerungszahl von rund 82 Millionen, etwa siebeneinhalb Millionen Menschen mit fremder Staatsangehörigkeit; das ist ein Anteil von über neun Prozent. Da sie ja gerade als Nicht-Deutsche definiert sind, erscheint es auf den ersten Blick nicht verwunderlich, daß sie in Erörterungen über das Deutsche und die Deutschen nicht auftauchen – es sei denn in einer passiven Funktion, wenn nämlich davon gesprochen wird, wie die Deutschen mit den im Lande ansässigen Fremden umgehen. Das ist sicher ein wichtiger Aspekt; aber man sollte doch wohl auch fragen, ob sie nicht sehr viel direkter das Bild des Deutschen verändern. Die massive Präsenz der ausländischen Bevölkerung in deutschen Großstädten läßt eine Verdrängung dieser Frage nicht länger zu. In Berlin liegt der Anteil der Ausländerinnen und Ausländer ‚nur‘ bei etwa 13 Prozent; hier wirkt sich aus, daß es in Ostberlin wie in der gesamten DDR wenig Zuwanderungen von Fremden gab. In Frankfurt am Main aber nähert sich der Ausländeranteil einem Drittel, in Stuttgart und München einem Viertel, in weiteren Städten wie Köln, Ludwigshafen und Düsseldorf liegt er bei rund einem Fünftel. Schulklassen mit einer deutlichen Mehrheit ausländischer Kinder sind in den Großstädten keine Seltenheit, und es gibt ganze Stadtviertel, die fast vollständig durch ausländische Bevölkerungsgruppen geprägt erscheinen.

Es wäre unrealistisch, wollte man diese auffällige Entwicklung aus der Betrachtung ausschließen; es ist damit zu rechnen, daß sich hier nicht nur das äußere Erscheinungsbild verändert hat. Auch der Versuch, die Fremden gewissermaßen staatsrechtlich oder biologisch auszugrenzen, schlägt fehl. Die Zahl der Einbürgerungen ist immer noch niedrig, aber doch ansteigend; und auch die Zahl der Ehen mit einem deutschen und einem ausländischen Partner nimmt zu. Nahezu acht Prozent der Eheschließungen begründen solche Mischehen, wobei die Kombination „Deutscher Mann – Ausländerin“ etwas häufiger ist als „Deutsche Frau – Ausländer“. Die ausländischen Zuwanderer gehören in vieler Hinsicht zur deutschen Gesellschaft; ja man kann mit einigem Recht sogar noch provozierender formulieren: Sie sind zu einem größeren Teil auf dem Weg, Deutsche zu werden – auch wenn sie noch eine ganze Zeit in einem Zwischenstadium verharren werden, als fremde Deutsche gewissermaßen. Der Weg ist für viele vorgezeichnet, ungeachtet der Tatsache, daß sie von diesem Weg keineswegs vorbehaltlos begeistert sind.

Die Einheimischen haben diese Entwicklung lange nicht sehen wollen, zum Teil auch nicht sehen können. Die Migranten waren offiziell definiert als „Gastarbeiter“, angeworben als hochwillkommene Arbeitskräfte. Als die Bundesrepublik 1955 das erste Anwerbeabkommen mit Italien abschloß, lag die Arbeitslosenquote immerhin über fünf Prozent – trotzdem waren die Zuwanderer gesucht, da sie in Tätigkeitsfelder vermittelt wurden, in denen die Nachfrage von Deutschen schwach war. Schon diese Konzentration hätte eigentlich die Folgerung nahelegen können, daß der Bedarf auch nach einigen Jahren nicht beseitigt sein würde; außerdem zeichnete sich sehr schnell ab, daß der Lohnstandard und der wirtschaftliche Wohlstand in der Bundesrepublik auf die Menschen in den ärmeren südlichen Regionen Europas eine starke Anziehungskraft ausübten. Aber was in der Bezeichnung „Gastarbeiter" angelegt war, bestimmte lange die gängigen Vorstellungen und auch die politischen Strategien: Die Fremden sollten einige Zeit hier arbeiten und verdienen, dann aber in ihre Heimat zurückkehren und durch neuen Zuzug ersetzt werden. Dieses Rotationsmodell war auch in den Köpfen der Betroffenen vorhanden; sie saßen auf ihren Koffern, strebten vielfach erst nach Jahren ein Ende des Barackendaseins an und holten ihre Familien her – und auch dann blieben Rückkehrhoffnungen und Rückkehrillusionen bei ihnen lebendig.

Es ist auch nicht so, daß der Gedanke der Rotation in der Realität keinerlei Rückhalt hatte. Es gab neben den Zuwanderungen nach Deutschland immer auch Abwanderungen, wobei die stärksten Verschiebungen durch Kriegsflüchtlinge und deren Rückkehr zustande kamen; aber auch aus den traditionellen Rekrutierungsgebieten der Arbeitsmigration wanderten nicht nur Tausende zu, sondern Tausende kehrten auch dorthin zurück – die Bilanz ist seit einigen Jahren ziemlich ausgeglichen. Diese Veränderungen betreffen jedoch nur einen kleinen Teil der ausländischen Bevölkerung, während es sich beim Großteil faktisch um Einwanderung handelt, auch wenn die rechtlichen Voraussetzungen für eine geregelte Einwanderung fehlen und auf der politischen Ebene noch immer darüber gestritten wird, ob Deutschland ein Einwanderungsland ist. Rund die Hälfte der 1,8 Millionen Zuwanderer aus Staaten der Europäischen Union sind seit mehr als zwanzig Jahren im Land. Von den 2,1 Millionen Menschen türkischer Nationalität sind es etwa 35 Prozent. Dabei ist zu bedenken, daß die türkische Zuwanderung später einsetzte; macht man den Schnitt bei einer Aufenthaltsdauer von zehn Jahren und mehr, so gleichen sich die Werte bei einer Marke um die 65 Prozent weitgehend an. Da Kinder und Jugendliche unter zehn beziehungsweise unter zwanzig Jahren die Bedingung einer zehn- bzw. zwanzigjährigen

Aufenthaltsdauer natürlich nicht erfüllen, wohl aber häufig in Familien leben, die schon lange hier ansässig sind, ist die Seßhaftigkeit ausländischer Zuwanderer praktisch noch größer, als es die ohnehin hohen statistischen Zahlenwerte erkennen lassen.

Was bedeutet das? Die Frage weist in die Zukunft: Was wird aus der ausländischen Bevölkerung in Deutschland – oder mit dem in politischen Diskussionen üblichen Akzent: Was soll aus ihr werden? In den Debatten der letzten Jahre fiel auf, daß pragmatische Überlegungen keine große Rolle spielten, daß also nur selten nach der ganz spezifischen Situation einzelner Gruppen und sogar einzelner Personen gefragt wurde, obwohl die Voraussetzungen ja doch höchst unterschiedlich sind – bedingt durch Herkunft, Nationalität, Zuwanderungstermin, Ausbildung, Generation, Geschlecht. Statt dessen wurden Patentrezepte für alle vorgeschlagen, wurden grundsätzliche Positionen relativ starr vertreten. Es ist wohl nicht ganz verkehrt, diesen Debattenstil mit dem Stempel „typisch deutsch" zu versehen.

Ungeachtet der tatsächlichen, nicht mehr umkehrbaren Entwicklung wurde – und wird manchmal – noch immer der Gast-Status beschworen; und ordentliche Gäste haben bekanntlich nach einer angemessenen Zeit wieder zu verschwinden. Da ist viel von der Unvereinbarkeit der Kulturen die Rede – mit dem Hinweis auf faktische Differenzen und Unstimmigkeiten, die als unverrückbar und damit als unlösbare Probleme betrachtet werden. Die Irritationen, die durch bestimmte kulturelle Eigenheiten der Fremden ausgelöst werden – etwa durch die Kopftücher vieler türkischer Frauen –, werden nicht nach ihrer Reichweite und Bedeutung abgeschätzt, sondern als Signale drohender ‚Überfremdung' verstanden. Man bezeichnet diese Haltung als Kulturrassismus: Die Zurückweisung der Fremden und des Fremdartigen wird nicht mehr offen rassenbiologisch begründet, sondern mit der Verschiedenheit des kulturellen Zuschnitts. Der aber gilt dabei als so dauerhaft, daß eine Erklärung dafür letztlich doch auf die Genstruktur und damit auf die Biologie hinausliefe.

Die Vorstellung eines festen, kaum veränderlichen kulturellen Gepräges bestimmt aber nicht nur fremdenfeindliche Ausgrenzungsstrategien, sondern auch manche freundlichen Integrationsentwürfe. Das Schlagwort „Kulturelle Identität" war einige Zeit eine wichtige Parole liberaler Ausländerpolitik: Die Zuwanderer sollten und mußten sich zwar auf die deutschen Arbeitsbedingungen und Rechtsverhältnisse einlassen, aber sie sollten ihre kulturelle Eigenart bewahren dürfen. Gegenüber radikalen Assimilationsforderungen, wie sie ebenfalls vorgetragen wurden, war dies zweifellos eine sensiblere Einstellung, die zudem durch die Lebenspraxis der Migranten bestätigt schien: Auch bei den schon länger in Deutschland Lebenden blieb die Orientierung an der alten Heimat erhalten, was sich in extensivem Reiseverkehr ausdrückte; in den Städten bildeten sich ethnische ‚Kolonien', also Straßenzüge und ganze Viertel, in denen Zuwanderer gleicher Nationalität wohnen; und wo diese räumliche Massierung fehlt, wird sie durch gut funktionierende Netzwerke ersetzt – daß zu einer türkischen Beschneidungsfeier ein paar hundert Landsleute aus allen Richtungen kommen, ist keine Seltenheit.

Daß die Betonung kultureller Identität keine Patentlösung ist, sondern daß sie manche Probleme verschleiert und möglicherweise sogar verschärft, ist erst allmählich deutlich geworden. Wenn kollektive Identitäten proklamiert werden (und darum handelt es sich), ist dies grundsätzlich mit Machtfragen verbunden: Wer und was zur kulturellen Identität gehört, wird von den dominanten Gruppen einer Gesellschaft bestimmt. Gibt es eine türkische Identität? Wird sie geprägt von den aufgeklärten Schichten, die im Zuge der Reformbewegung Atatürks an Einfluß gewannen, oder von religiös, manchmal fundamentalistisch orientierten Gruppen, für welche die Re-Islamisierung Grundlage der Identität ist? Und können Gruppen wie die Kurden, Araber aus dem Südosten des Landes oder die Lazen aus der Schwarzmeerregion bruchlos der türkischen Identität einverleibt werden? Tatsächlich ist das Prinzip der Bewahrung kultureller Identität bei einem Teil der zugewanderten Bevölkerung mit dem aggressiv verfolgten Ziel verknüpft, die auseinanderstrebenden Lebensentwürfe zurückzuholen in eine feste Form, die von einer kleinen Elite definiert und kontrolliert wird. Dies gilt vor allem für den politischen Islamismus, der eine weitgehende gesellschaftliche Abkapselung seiner Anhänger und gleichzeitig die Ausweitung seines Einflußbereichs anstrebt, allerdings in zahlreiche Richtungen und Gruppierungen zerfällt.

Das übliche Lob kultureller Eigenheiten ist demgegenüber oft von naiver Harmlosigkeit. Wenn von deutscher Seite die Erhaltung und Pflege fremdkultureller Identität propagiert wird, dann ist damit oft nicht viel mehr als Folklore gemeint: Trachten, Tänze, gastronomische Spezialitäten – darauf konzentrieren sich vielfach auch die offiziell arrangierten ‚Begegnungen‘. Tatsächlich ist Kultur aber die Form der Lebensgestaltung und ist als solche mit allen Lebensbereichen verknüpft. Es ist deshalb illusorisch zu erwarten, daß die Fremden als Arbeitskräfte und in allen Verwaltungs- und Rechtsfragen quasi deutsch funktionieren, sie aber gleichzeitig auf eine als unveränderlich gedachte Herkunftskultur festzulegen. Diese Fixierung geht vor allem an der Lebenswirklichkeit der nachwachsenden Immigrantengeneration vorbei. Die Jüngeren, von denen viele schon in Deutschland geboren und aufgewachsen sind, kommen allein schon durch die Schule und andere Ausbildungsinstanzen, meist aber auch durch Freizeittätigkeiten und Hobbies in ständigen Kontakt mit der deutschen Kultur. Wenn sie sich zusammentun (und natürlich spielt die gemeinsame Herkunft bei der Bildung von Cliquen und Freundeskreisen eine wichtige Rolle), dann verständigen sie sich oft in der Sprache ihrer Eltern und Großeltern, die als eine Art Gruppenabzeichen und auch als Geheimsprache gegenüber den Deutschen fungiert. Aber es ist nicht die einzige Sprache, über die sie verfügen; und manchmal demonstrieren sie ihr Anderssein mit einem verballhornten oder doch verfremdeten Deutsch, das teilweise den hochnäsigen Jargon Deutscher gegenüber Ausländern („Hier nix gut, Du gehen andere Seite!") parodiert, ihn aber ins Aggressive und Derbe wendet. „Kanak Sprak" heißt das bei manchen jungen Türken – Schimpfwörter wie „Kanaken" und „Kümmels" werden bei ihnen zum selbstbewußten Signal einer Identität, die sich zwischen den Kulturen bewegt. ‚Sons of Gastabeita‘ nennt sich eine Kölner Band, und „Andere Deutsche" ist eine Sammelbezeichnung, die ebenfalls von jungen Zuwanderern verwendet wird. Es ist ihre Weise, den Abstand zur deutschen Kultur zu demonstrieren, und es zeigt gleichzeitig die Annäherung an diese Kultur.

„Sie sprechen aber gut Deutsch!" kriegen junge Ausländerinnen und Ausländer manchmal zu hören – ein Kompliment, das ihnen nach vielen Jahren im deutschen Kindergarten, in deutschen Schulen und überhaupt in deutscher Umgebung reichlich kurios erscheinen muß und das tatsächlich erhebliche Ahnungslosigkeit bezeugt. Es gibt junge deutsche Bundestagsabgeordnete, Ärzte und Ärztinnen, Wissenschafler und Wissenschaftlerinnen, Künstler und Künstlerinnen, Manager, Verwaltungsdirektoren und sogar gewählte Bürgermeister, deren Eltern zur Generation der Gastarbeiter gehörten. Fast alle Deutschen kennen solche Personen, doch viele rechnen sie zu einer besonderen Kategorie und lassen ihr Ausländerbild davon nicht beeinflussen. Tatsächlich sind aber die meisten der aus der Ferne Zugewanderten partiell schon Deutsche geworden – unbemerkt von den meisten Deutschen, die eben auch auf *ihre* kulturelle Identität pochen und für die „deutsch" eine unteilbare Qualität darstellt: Entweder ist man deutsch, oder man ist es nicht. Daß eine solche Vorabdefinition, die starre Trennung in deutsch und nichtdeutsch ihre Tücken hat, läßt sich an einer speziellen Bevölkerungsgruppe zeigen, die schon aufgrund der großen Zahl nicht unbeachtet bleiben darf: die *Spätaussiedler*. Es handelt sich um rund zwei Millionen Menschen aus osteuropäischen Ländern, die dort rechtlich als Angehörige der deutschen Minderheit definiert waren und deshalb nach dem Bundesvertriebenengesetz als „Deutsche im Sinne des Grundgesetzes" gelten. Sie kamen zunächst überwiegend aus Polen und Rumänien, nach der politischen Wende in erster Linie aus der ehemaligen Sowjetunion. Da vor allem die Jüngeren vielfach höchstens gebrochen Deutsch reden und sich auch nicht sehr intensiv um Integration bemühen, rutschen sie für die Deutschen teilweise in die Kategorie der Ausländer. In diesem Zusammenhang werden dann zum Vergleich die Kinder der Gastarbeiter herangezogen, die sich schon stärker assimiliert haben. Eine kleine Witzgeschichte pointiert das Spannungsverhältnis: In einer langen Schlange vor einem Behördenschalter schimpft ein Aussiedler über den langsamen Geschäftsgang. Daraufhin sagt der hinter ihm wartende Türke: „Warum Du Deutschland? Niemand Dich gerufen!"

Wer die Spätaussiedler aufgrund eines vermeintlich liberalen Nationalitätsverständnisses ausgrenzt, verkennt allerdings, daß sie in den Herkunftsgebieten als Deutsche abgestempelt waren und darunter oft erheblich zu leiden hatten; nicht zuletzt deshalb pochen sie auf ihr Deutschtum und hoffen darauf, voll akzeptiert zu werden. Es gibt also in der gegenwärtigen Situation Deutsche, an denen vieles – zum Teil sogar die Sprache – fremd ist, wie es umgekehrt Fremde gibt, die weitgehend in der deutschen Sprache und Kultur zu Hause sind. Das gilt nicht nur für die jungen Leute. Gelegentlich kann man hören, die Italiener seien „eigentlich keine richtigen Ausländer mehr". In solchen Äußerungen setzt sich unter der Hand ein Ausländerbegriff durch, der sich stärker an der sozialen und kulturellen Distanz und weniger an rechtlichen oder auch biologischen Vorgaben orientiert. Wenn sich diese Distanz bei italienischen, ähnlich aber auch bei spanischen, portugiesischen und griechischen sowie bei Zuwanderern aus dem ehemaligen Jugoslawien verringert hat, dann hängt dies zum Teil damit zusammen, daß hier Unterschiede in der Religion entweder nicht vorhanden sind oder nicht hervorgekehrt werden; aber es ist auch eine Folge davon, daß diese Bevölkerungsgruppen schon länger in Deutschland leben. Integration ist kein kurzfristiges Problem. Auf lange Sicht ist damit zu rechnen, daß ein großer Teil der zugewanderten Ausländerinnen und Ausländer in der deutschen Gesellschaft aufgehen wird, sicher nicht ohne bewußt bewahrte Rückstände des Andersseins, aber keineswegs nur in Äußerlichkeiten ‚eingedeutscht'.

Kritik an der deutschen Ausländerpolitik wird oft abgeschwächt durch den Hinweis, daß es in Deutschland eben keine Erfahrungen mit der Zuwanderung von Fremden gebe. Dieses Argument leuchtet ein, wenn die deutschen Verhältnisse an denen eines ausgesprochenen Einwanderungslandes wie den Vereinigten Staaten von Amerika gemessen werden. Aber es muß doch etwas relativiert werden. Schon in der vorindustriellen Zeit glichen oft Fremde den Bevölkerungsverlust nach Kriegen aus; Glaubensflüchtlinge wie die Hugenotten übten einen starken Einfluß auf die Kultur aus; kleine Territorialherren holten Handwerker und Hausierer in ihre Gebiete; die entstehenden Fabriken waren auf ausländische Facharbeiter, vor allem aus dem industriell weiter fortgeschrittenen England, angewiesen; der Eisenbahnbau brachte gegen Ende des 19. Jahrhunderts viele Italiener ins Land; und ein großer Teil des Ruhrgebiets wurde damals von Polen besiedelt, die allerdings unter preußischer Verwaltung standen und die deutsche Staatsbürgerschaft hatten. Keine dieser Zuwanderungen war problemlos; aber keine führte auf längere Sicht zur Ausgrenzung – keine außer der Immigration von Juden. Vielen Bereichen der Wirtschaft und Technik, der Wissenschaft und der Kunst in Deutschland gaben jüdische Männer und Frauen das Gepräge. Trotzdem (und wohl auch deshalb) wurden ‚die Juden‘ von vielen bekämpft, mit religiösen und ökonomischen Argumenten und schließlich immer stärker mit dem biologisch unterfütterten Antisemitismus, der die Auslöschung der fremden ‚Rasse‘ anstrebte und großenteils verwirklichte. Dies zumindest ist eine deutsche Erfahrung, die bei der Behandlung heutiger Immigrationsprobleme gegenwärtig bleiben muß.

Es zeichnet sich ab, daß nicht nur die näheren europäischen ‚Verwandten‘, sondern daß auch die meisten türkischen Familien und in kleinerer Zahl auch Menschen aus Südostasien und Asylanten aus Afrika hierbleiben werden. Die Wege und das Ausmaß der Eindeutschung werden verschieden sein; aber sicher ist dies ein allgemeiner Fluchtpunkt der Entwicklung. Was aber heißt „Eindeutschung“, und wie stark ist das Veränderungspotential? Der Psychologe Willy Hellpach, der sich verschiedentlich mit den regionalen Eigenheiten in Deutschland beschäftigte, warf einmal die Frage auf, warum München die bayerischste Stadt sei, obwohl die meisten Einwohnerinnen und Einwohner zugewandert seien, und zwar keineswegs nur aus der bayerischen Umgebung. Die Erklärung für die „stammesrepräsentative“ Rolle der Großstädte faßte er in dem Begriff „Konventionstemperament“ zusammen; gemeint ist damit, daß sich in diesen Städten ein bestimmter Lebensstil und bestimmte Kommunikationsformen herausgebildet haben, die nolens volens auch von den Zugewanderten übernommen werden. Dieser Befund kann vorsichtig verallgemeinert werden. Die Flüchtlinge und Heimatvertriebenen, die unmittelbar nach dem Krieg aus dem Osten und Südosten kamen, machten in manchen Gebieten rund ein Fünftel der Bevölkerung aus. Dieses Zahlenverhältnis provozierte damals oft die Vorhersage, daß landschaftliche Eigenheiten wie beispielsweise die Dialekte aussterben würden. Tatsächlich aber setzten sich die einheimischen Traditionen in Sprache, Brauch und Lebensweise weitgehend durch.

Diese Beobachtung dürfte auch auf die neuen Bevölkerungsverschiebungen übertragbar sein, wenn auch mit einigen Abstrichen. Sie betreffen einmal die ‚Verinselung‘ mancher Gruppen, die wohl noch längere Zeit bei ihrem spezifischen Lebensstil bleiben werden – vor allem dort, wo dieser religiös fundiert ist. Und sie betreffen andererseits die allgemeine Erosion (man könnte auch sagen: die Auflockerung) nationaler Kultur, die manchen Einflüssen der Fremden ein stärkeres Gewicht gibt. Seit einer Reihe von Jahren schwärmt das deutsche Publikum für die Freiluftgastronomie; selbst bei empfindlicher Kälte sind Caféterrassen und Biergärten schnell besetzt, sobald sich auch nur ein schwacher Sonnenstrahl zeigt. Es ist wahrscheinlich nicht falsch, dafür *auch* die Zuwanderer aus südlichen Regionen verantwortlich zu machen – schon Goethe stellte die fließenden Übergänge zwischen Innenraum und Außenfläche in Italien heraus, und auch Walter Benjamin und Ernst Bloch bewunderten das „poröse" Leben im Süden. Aber andere Gründe sind sicher wichtiger – sentimentale Urlaubserinnerungen, das zeitige Arbeitsende, der Ausgleich zu den Stunden in schlechter Büro- oder Werkstattluft. Und wenn junge deutsche Türken als erste ihre akrobatischen Fähigkeiten im Breakdance demonstrierten, importierten sie nicht etwa türkische Kultur, sondern förderten einen allgemeinen Trend. Multikultur ist nicht nur das Ergebnis der durch die Migration entstandenen interkulturellen Begegnungen, sondern auch Ausdruck der Internationalität, die weite Bereiche unseres Lebens unabhängig von der An- oder Abwesenheit Fremder bestimmt.

Im weltweiten Netz

World Wide Web: www – niemand entgeht dieser Formel, die immer häufiger in den Medien die Möglichkeit anpreist, zu weiteren Informationen über ein Thema zu gelangen. Es ist das Kürzel für eine Kommunikationsform, die außerordentlich rasch größte Entfernungen überwindet und über bestimmte technische Apparaturen ständig zugänglich bleibt. Es ist aber auch eine bildkräftige Umschreibung dessen, was *Globalisierung* bedeutet. Es handelt sich nicht nur um die immer weiter ausgreifende internationale Orientierung in Politik und Wirtschaft, sondern darüber hinaus um die Einbindung vieler Lebensbereiche in diesen Prozeß. Wir alle bewegen uns in einem weltumspannenden Gewebe, in einem weltweiten Netz von Beziehungen und Bedingungen, das tagtäglich unser Handeln und auch unser Denken mitbestimmt. Politische Umbrüche in einem Weltteil zittern in anderen nach. Der Weltmarkt ist nicht nur eine Realität der *global players* im Wirtschaftsmanagement, sondern – über das Warenangebot, aber auch über die Auswirkungen auf den Arbeitsmarkt – eine allgemeine Erfahrungsgröße. Wissenschaftliche Fortschritte werden, relativ unabhängig vom Ort ihrer Entstehung, in kürzester Zeit überall bekannt und wirksam. Medienprodukte werden weltweit vermarktet. Die Szenerien ferner Länder können nicht nur virtuell ins Wohnzimmer gezaubert werden, sie sind auch relativ schnell real erreichbar.

Der skeptische Blick auf diese Entwicklung registriert überall Anzeichen der Nivellierung: Die kulturelle Vielfalt wird zu einem Einheitsbrei verkocht. Es gibt aber auch optimistische Perspektiven auf die Globalisierung: ein Spiel ohne Grenzen, das weltweit neue Entfaltungsmöglichkeiten eröffnet. Fest steht, *daß* die früher festen und oft unüberwindlichen Grenzen überspielt werden – selbstverständlich berührt dies auch die Kategorie des typisch Deutschen, die eine gewisse Vereinheitlichung nach innen und Abgrenzung nach außen voraussetzt. Die Frage drängt sich auf, ob angesichts der globalen Zusammenhänge überhaupt noch mit nationalen Besonderheiten zu rechnen ist und ob die herkömmlichen Typisierungen noch einen Sinn haben. Es ist zu überprüfen, in welcher Weise und wie tiefgehend die Globalisierungstendenzen sich auswirken.

Daß Globalisierung nicht nur eine abgehobene Superstruktur bezeichnet, macht jede Einkaufsrunde in einem großen Supermarkt deutlich. Ältere Menschen erinnern sich noch an die sogenannten Kolonialwarenläden, in denen Kaffee und Tee, Gewürze und Südfrüchte verkauft wurden. Das Angebot war relativ teuer; Orangen und Bananen, Datteln und Feigen galten als etwas Besonderes, Bereicherung des weihnachtlichen Gabentischs, und auch das nur bei einigermaßen wohlhabenden Familien. Die Läden selbst mit ihrem eigentümlichen Geruch und auch die verkaufte Ware vermittelten eine exotische Atmosphäre. Inzwischen sind solche Nahrungs- und Genußmittel zum Bestandteil aller Lebensmittelmärkte geworden. In den Regalen: Orangen aus Spanien, israelische Kiwifrüchte, Ingwer aus Südafrika, chinesische Austernpilze, australische Weine – ein buntes Potpourri des Fremden. Aber ist all das eigentlich fremd? Ist es nicht sehr viel charakteristischer, daß alles absorbiert ist in das gemischte Angebot unserer Konsumwelt? Das Fremde ist unauffällig geworden. Äpfel und Bananen, heimisches Gemüse und importierte Zucchini

– das wird großenteils nur nach Geschmacks- und Preisunterschieden auseinandergehalten, und es ist bekanntlich keineswegs so, daß sich der Preis nach der Entfernung richtet. Diese *Ent-Exotisierung* kann auf allen Feldern des Konsums verfolgt werden. Gleich, ob es um Fahrzeuge, um optische Geräte, um Computer, um Möbel, um Kleidung geht – die früher oft eigens ausgewiesene Herkunftsbezeichnung „Made in Germany" spielt für die Orientierung nur noch eine untergeordnete Rolle.

Und nicht nur fremde Dinge werden übernommen, sondern auch fremde Gedankenwelten, Ausdrucksmittel und Lebensformen. Was teils kritisch, teils empfehlend als „Esoterik" etikettiert wird, ist vielfach aus fremden Kulturen und oft aus weit entfernten Weltgegenden übernommen, ist inzwischen aber fester Bestandteil deutscher Kultur und nimmt in Buchhandlungen, Fernsehprogrammen und sogar Volkshochschulen viel Raum ein. Bis zu einem gewissen Grad haben auch fremde Menschen den Charakter der Fremdheit eingebüßt. Zumindest in den großen Städten dreht sich kaum jemand mehr um, nachdem er oder sie eine Inderin im Sarong oder einen schwarzen Afrikaner im langen farbigen Gewand passiert hat. Vor etwas mehr als hundert Jahren gab es bei Hagenbeck und anderen Zirkusunternehmen parallel zur Tierschau die „Schaustellung außereuropäischer Menschenrassen". Daß derartige Vorführungen aus der Mode gekommen sind, liegt nicht nur daran, daß man gegenüber solchen demütigenden Arrangements sensibler geworden ist, sondern auch daran, daß europäische und auch außereuropäische ‚Menschenrassen' zum alltäglichen Straßenbild gehören. Das Fremde ist neutralisiert – noch einmal: bis zu einem gewissen Grad.

Denn es ist offenkundig, daß die alle Grenzen ignorierende Ent-Exotisierung ihrerseits Grenzen hat. Im Konsumbereich wird dies dadurch deutlich, daß die Werbung das Fremde durchaus hervorhebt, verbal und vor allem in Bildern mit exotischen Landschaften. Es ist richtig, daß sich die ausländische Gastronomie in Deutschland schon so weit durchgesetzt hat, daß es manchmal schwierig ist, ausländischen Besuchern ein Lokal mit typisch deutschen oder regionalen Gerichten zu empfehlen. Es stimmt auch, daß für den Besuch Deutscher in mexikanischen oder japanischen, türkischen oder chinesischen, pakistanischen oder portugiesischen Restaurants außer Preisüberlegungen vor allem die

Geschmacksorientierung entscheidend ist. Aber in dieser Geschmacksorientierung lebt ein Teil des alten Exotismus fort; das Fremde wird nach wie vor auch deshalb gewählt, weil es etwas Besonderes ist, das vom gewohnten Deutschen abweicht.

Dies heißt aber auch, daß die Kategorie „deutsch" durch die ständige Konfrontation mit Fremdem nicht verwischt werden muß, sondern sogar noch stabilisiert werden kann. Ein wichtiges Moment unserer Erfahrung ist sie nach wie vor. Das Interesse an Informationen wird zum Beispiel regional und national gefiltert – durch die Agenturen und die Redaktionen, aber auch in unseren Köpfen. Ein Busunglück in der Türkei mit über zwanzig Toten – man hört die Meldung darüber vielleicht nicht mehr mit der Distanz bloßer Sensationslust; schließlich ist die Türkei um einiges nähergerückt. Aber noch immer springt die Aufmerksamkeit in eine andere Dimension, wenn der Nachsatz kommt: „Unter den Toten sind vier Deutsche." Und auch die Internationalität des Sports hat die nationale Orientierung keineswegs beseitigt, über den Wettbewerb sogar noch verstärkt. Die widersprüchliche Konstellation wird hier darin sichtbar, daß das Management international agiert und beispielsweise Spieler und Athleten über alle Grenzen weg vermittelt, daß aber die Verstärkung von außen, manchmal durch schnelle Einbürgerungen kaschiert, nur wenig am national gefärbten Fanatismus der Zuschauer ändert, der sich in den Stadien austobt.

Wichtiger als diese auch in der internationalisierten Szenerie beibehaltene nationale Codierung ist die Tatsache, daß keineswegs alles überallhin vermittelt werden kann. Die technischen Möglichkeiten der Übertragung beseitigen nicht immer kulturelle Barrieren. Ich bleibe beim Beispiel des Sports. Im Zeichen der Globalisierung hat sich eine enorme Vielfalt der Sportarten herausgebildet. Bei den Jugendlichen in Deutschland haben Volleyball und Basketball, neuerdings auch Baseball, an Boden gewonnen; fernöstliche Kampfsportarten werden von vielen trainiert; und die verschiedenen Formen des Skating haben als Freizeitsport andere Aktivitäten überrundet. Aber nach wie vor gilt die Feststellung, daß in Deutschland – wie in den meisten europäischen Ländern und auch in Südamerika – Fußball die bekannteste und beliebteste Sportart ist; das belegen nicht nur die enormen Zuschauerzahlen in den Stadien und vor den Bildschirmen, sondern auch die im Deutschen Fußballbund registrierten 130 000 Mannschaften, zu denen noch eine wohl ähnlich große Zahl von nicht registrierten Mannschaften mit Freizeitkickern kommt. Da der Fußball nicht nur mit einer einzigen anderen Sportart in Konkurrenz steht, sondern mit einer ganzen Reihe, ist es wahrscheinlich, daß er selbst bei einem gewissen Bedeutungsverlust seine beherrschende Stellung behaupten wird. Auszuschließen ist es allerdings nicht, daß in einigen Jahrzehnten ein anderer Mannschaftssport noch populärer sein wird, daß also dann – ich gebe keine Prognose ab, sondern spiele mit einer relativ beliebigen Möglichkeit – Rugby der deutsche Volkssport Nummer 1 ist. Aber das wäre ein allmählicher Ablösungsprozeß, vergleichbar der Verdrängung des Rugbyspiels durch Fußball im England des 19. Jahrhunderts oder dem Sieg des Fußballs über das Turnen in den ersten Jahrzehnten des 20. Jahrhunderts in Deutschland; das Schlagwort „Globalisierung" hätte dabei nur sehr begrenzten Erklärungswert.

Selbst im Bereich fortgeschrittener Technik überfluten die Neuerungen nicht einfach den ganzen Erdball. Die führenden Firmen der Informationstechnologie orientieren sich in ihren Strategien an den kulturellen Unterschieden. Das betrifft einmal die Verkaufswerbung – in Deutschland muß beispielsweise mit einer größeren Skepsis gegenüber Innovationen gerechnet werden als in vielen anderen Ländern: Noch vor wenigen Jahren vertrat bei einer Befragung die Mehrheit die Auffassung, die Anwendung von Computern führe dazu, daß die Menschen weniger Gebrauch von ihrer eigenen Intelligenz machten, und vier von fünf Personen zeigten sich überzeugt, daß mit der zunehmenden Verwendung von Computern immer mehr Arbeitsplätze verlorengingen. Unabhängig von der Frage, wieviel Richtiges an diesen Einschätzungen ist, zeigt sich hier eine Grundstimmung, die in diesem Bereich weniger aufgeschlossen ist als die in vielen anderen Ländern. Die kulturellen Unterschiede werden aber nicht nur in den Verkaufsstrategien berücksichtigt, sondern auch in der Produktion. Die Software muß den jeweiligen Bedürfnissen angepaßt werden, und auch die technische Apparatur wird dem Stil und dem Bedarf der jeweiligen Märkte angepaßt – in der Informationstechnologie allerdings weniger und weniger auffällig als beispielsweise in der Kosmetik- oder der Autoproduktion. Ganz allgemein läßt sich sagen, daß sich die globalen Agenturen ein Stück weit an die jeweiligen Bedingungen anpassen, und ergänzend gibt es in den einzelnen Ländern kontrollierte Bemühungen und auch unkontrollierte Mechanismen, welche die globalen Impulse nach den heimischen Maßstäben modifizieren.

Darüber hinaus gibt es aber auch die Abschirmung, ja den bewußten Widerstand gegen Globalisierungstendenzen. Oft wird von Globalisierung gesprochen wie von einer quasi-natürlichen Entwicklungsstufe der menschlichen Kultur: Die weltweite Vernetzung existiert, und damit ist im Prinzip alles allen und überall zugänglich. In diesem Sinn wird der demokratische Charakter des Internet hervorgehoben. Ausgeblendet bleibt dabei nicht nur, daß in vielen Teilen der Welt die Verhältnisse so sind, daß die große Mehrheit der Bevölkerung keinerlei Anteil an den Segnungen der Globalisierung hat; ausgeblendet bleibt auch die Frage, ob es sich überhaupt um Segnungen handelt. Es sind ja doch ganz bestimmte Inhalte und Informationen, Weltbilder und Lebensformen, die den Charakter der Globalisierung prägen. In kritischen Umschreibungen wie „McDonaldization" oder „Disneyization" kommt dies zum Ausdruck. Ich gebe diese Vokabeln auf Englisch wieder; tatsächlich waren es amerikanische Wissenschaftler und Essayisten, die so die fragwürdigen Seiten des Globalisierungsprozesses aufdeckten: Er dient der Ausbreitung und der profitablen Verwertung von einzelnen industriellen und kulturindustriellen Erzeugnissen, deren Wert umstritten ist und deren weltweite Spur letztlich sehr oft ins mächtige Nordamerika zurückführt. Damit wird deutlich, daß Globalisierung nicht nur ein technischer und organisatorischer Vorgang ist, sondern eine Frage der politischen und vor allem der wirtschaftlichen Macht. Ein weiterer kritischer Begriff, „Coca-Colonization", macht deutlich, daß imperialistische Momente mit im Spiel sind. Nicht nur diese kritischen Begriffe stammen aus Amerika, auch viele auf den globalen Highways notwendigen und mit den neuen Medien verbundenen Fachausdrücke werden auf Englisch gebraucht: *internet* und *mailbox*, *browser* und *power*, *server* und *surfer*, *boom* und *zoom*. Rund vier Fünftel der im Internet verfügbaren Informationen sind in englischer Sprache, und ähnlich groß ist der US-amerikanische Anteil an der internationalen Vergnügungsindustrie. Es ist alles andere als verwunderlich, daß sich gegen eine solche Dominanz Widerspruch und Widerstand regt.

Schon 1945 gab der für die Künste zuständige englische Minister die Parole aus: „Death to Hollywood!" Später rief ein französischer Kulturminister zum „kulturellen Widerstand" auf, und Frankreich bremste dann auch über offizielle Bestimmungen den Import von Filmen und anderem ab, um den Raum für eigene Produkte zu sichern. Eine solche kulturelle Schutzzollpolitik, in liberalen Staatswesen ohnehin befremdlich, hat in Zeiten der Globalisierung nur sehr eingeschränkte Wirkung, und selbst ein ausgeprägter Antiamerikanismus, wie er in verschiedenen Weltteilen, auch in Europa, immer wieder einmal aufkam, verhindert nicht unbedingt den kulturellen Einfluß der Vereinigten Staaten. In den 50er Jahren gab es in Teilen der bundesrepublikanischen Gesellschaft eine ausgeprägt antiamerikanische Stimmung; und gerade in diesem Jahrzehnt war die Amerikanisierung der Lebensweise, vor allem bei Jugendlichen, besonders stark – in den beliebten Musikstilen, in der Wahl der Kleidung, bei den bevorzugten Genußmitteln, in den Umgangsformen, der Sprache und den Gesten.

Aber auch am Ende dieser Phase war die deutsche Jugendkultur nicht einfach identisch mit der amerikanischen. In all den genannten Bereichen wurde das ‚globale' Angebot ein Stück weit eingedeutscht. Das gilt ganz allgemein. Medienwissenschaftler haben festgestellt, daß typisch amerikanische Erfolgsserien wie ‚Dallas' oder ‚Dynasty' (in Deutschland: ‚Denver Clan') zwar in vielen Teilen der Welt im Fernsehen gesendet wurden, daß sie aber durch die Synchronisation nicht nur sprachlich der jeweiligen Kultur angenähert wurden und daß das Fernsehpublikum die Vorgänge auf dem Bildschirm jeweils uminterpretierte zu einer japanischen oder indischen oder dänischen oder auch deutschen Fassung. Noch deutlicher werden die Grenzen der Globalisierung in diesem Bereich markiert durch die Tatsache, daß gleichzeitig mit der Übernahme solcher amerikanischer Angebote Serien entwickelt wurden, denen man mit einiger Vorsicht das Etikett „typisch deutsch" aufdrücken kann – von der sentimentalen und naturseligen ‚Schwarzwaldklinik' bis zur alle Winkel der Alternativkultur ausschreitenden Endlosserie ‚Lindenstraße'.

Die globalen Einflüsse – die natürlich nicht *nur* aus den USA zu uns kommen, sondern wie beispielsweise fernöstliche Meditationstechniken und Heilverfahren auch aus anderen Weltgegenden – haben bisher die traditionellen Eigenheiten nicht zum Verschwinden gebracht. Sie werden das auch in Zukunft nicht tun. Sie werden im Prozeß der Übernahme den eigenen Maßstäben angenähert; und sie werden teilweise auch zurückgewiesen, weil sich kleinere Einheiten in ihrem Eigen-Sinn gegen die Nivellierung wehren. Diese Beharrung auf dem Eigenen sollte allerdings nicht rundweg als Verdienst gefeiert werden. Eigensinn darf nicht immer mit Bindestrich geschrieben werden: Oft ist die Abschirmung gegen das von außen kommende Neue Ausdruck der Sturheit und entspringt der Angst vor dem Ungewohnten und Fremden. Der Abschwung in der deutschen Wirtschaft wird teilweise mit dieser mangelnden Aufgeschlossenheit erklärt; und mit berechtigter Kritik wird auch registriert, wie gering lange Zeit selbst in politischen Kreisen Deutschlands das Interesse an der europäischen Einigung war.

Die Europäische Union ist in mancher Hinsicht eine Antwort auf die Globalisierung. Einerseits deshalb, weil die globalen Technologien über die nationalen Grenzen hinausdringen, andererseits deshalb, weil in der weltweiten wirtschaftlichen Konkurrenz größere Einheiten bessere Chancen haben. Im Weltmaßstab hat es jetzt schon Sinn, von typisch Europäischem zu reden, und es ist zu erwarten, daß ein europäisches Identitätsverständnis und auch -bekenntnis an Gewicht gewinnen wird. Aber dies ist nur eine Erweiterung der „gestuften Identitätspotentiale", wie der Soziologe Manfred Prisching die sich ergänzenden und überlagernden Orientierungen an Nachbarschaft, Heimatort, Region und Nation bezeichnet.

Wer von europäischer Kultur spricht, handelt nicht von einem Phantom. In der Musik, in der bildenden Kunst und in der Literatur gab es – von wenigen Phasen eines besonders aggressiven Nationalismus abgesehen – immer einen Austausch und Zusammenhang zwischen allen europäischen Ländern. In den alltäglichen Lebensformen und in dem Bereich, der als Volkskultur bezeichnet werden kann, waren und sind dagegen Unterschiede und Abgrenzungen charakteristisch. Es ist wahrscheinlich, daß sich in der stark durch Medien bestimmten Kultur und im ganzen Vergnügungsbereich eine gesamteuropäische Prägung durchsetzt, paradox gesagt eine Teilglobalisierung. Aber auch hier gilt: nur bis zu einem gewissen Grad. Vor kurzem hat man beispielsweise festgestellt, daß von den in den europäischen Ländern produzierten

Fernsehsendungen nur ungefähr jede zehnte auch außerhalb des nationalen Sendegebiets verbreitet wird. Natürlich spielt dabei die Vielfalt der Sprachen und damit auch der Sprachbarrieren eine wichtige Rolle. Aber es scheint auch eine Tendenz zu geben, gerade angesichts der Erweiterung des Horizonts die kleineren Lebenswelten, die man in einigen Bereichen zurücklassen muß, in anderen aufzuwerten. In Deutschland wurde dies nach der Reichsgründung deutlich sichtbar: Gerade dann wurde die regionale Kultur aufgewertet, wurden beispielsweise die Dialekte noch stärker als vorher zum emotionalen Zeichen der Zugehörigkeit zu einer Landschaft oder einem Land. Im geeinten Europa dürfte die Entwicklung ähnlich sein: Je mehr politische Kompetenzen von den Nationalstaaten abgezogen werden, um so entschiedener dürften sich diese, bei aller Bereitschaft zu Austausch und wechselseitigem Verständnis, als Kulturnationen profilieren.

Das ist kein Fehler. Bei der Propagierung der europäischen Einheit wurde immer wieder die Geschichte von dem Mann aufgetischt, der mit 10 000 DM zu einer Reise in zwölf europäische Länder aufbricht, den Betrag jeweils an der Grenze in die Landeswährung umtauscht und am Ende, ohne daß er irgend etwas gekauft oder konsumiert hat, nur noch 5 000 Mark in der Tasche hat. Sieht man davon ab, daß die Geschichte reichlich konstruiert wirkt, bildet sie ein gutes Argument für den Euro und die europäische Einheit. Aber es liegt auf der Hand, daß unser Reisender, wenn ihn kulturelle Interessen motivieren, keineswegs nur mit einem Verlustgeschäft abschließt. Mit jeder Grenze, die er überschreitet, nimmt er Neues auf und vergrößert sein kulturelles Kapital. Vieles von der kulturellen Vielfalt wird erhalten bleiben. Das Pathos des Nationalen wird dabei zurücktreten, die nationalen Besonderheiten werden mehr und mehr als eine Spielart des Europäischen verstanden werden, mit dem Akzent auf *Spiel*, aber doch mit deutlich erkennbaren Unterschieden zu anderen Nationen. In der bunten Komposition der europäischen Kultur wird auch das ‚typisch Deutsche‘ seinen Platz behaupten – hoffentlich mit überwiegend freundlichen Farben.

Grenzen der Beliebigkeit

Die Kategorie „deutsch" behält ihre Bedeutung auch in einer Welt, in der die nationalen Grenzen ziemlich durchlässig geworden sind – das ist das Resümee der vorangegangenen Kapitel. Mag sein, daß darin deutsche Kontinuitäten zu stark herausgestellt wurden, um allzu pauschalen Globalisierungsthesen entgegenzuwirken. Doch jedenfalls dürfte deutlich geworden sein, daß weder die Flutwellen der Fremden (ein Bild, das nicht nur in chauvinistischen Pamphleten gebraucht wird) noch die Flut weltweit flottierender Güter und Signale die herkömmlichen Orientierungen einfach weggespült haben. Allerdings muß man sich mit der Annahme auseinandersetzen, dies sei gar nicht nötig und gar nicht möglich gewesen, weil sich diese Orientierungen längst von innen heraus verändert und vielfach aufgelöst hätten. Eine kuriose Vorstellung: dann wäre mit bemühten Argumenten etwas verteidigt worden, das es in Wirklichkeit gar nicht mehr gibt …

Reden wir noch einmal über die „Gemütlichkeit", der ein ganzes Kapitel gewidmet wurde und die auch aus vielen anderen der behandelten Befunde hervorlugt. Gemütlichkeit gedeiht im Bereich der harmonischen Familie und gilt als Therapie gegen die weniger heilen Seiten des Familienlebens. Gemütlichkeit setzt Abschließung und einen geschützten Raum voraus: „Trautes Heim, Glück allein" – so steht es auf gestickten Wandbehängen, die noch vor zwei, drei Generationen viele Wohnzimmer und Küchen zierten und die jetzt gesuchte Objekte auf Flohmärkten sind. Junge Leute geben diesem alten Spruch eine neue Wendung: Sie suchen ihr Glück tatsächlich im Alleinsein. In den Großstädten, so wird immer wieder berichtet, nähert sich die Zahl der Ein-Personen-Haushalte teilweise der Marke von fünfzig Prozent. Von den deutschen Paaren sind über vierzig Prozent kinderlos, und bei rund einem Zehntel handelt es sich um Ein-Eltern-Familien – noch stolpert man etwas über dieses Wort, aber nicht nur die Zahl der Scheidungen und Trennungen ist in den letzten Jahren stetig gewachsen, sondern auch die Zahl derjenigen, die von vornherein auf Alleinerziehung setzen. Aber auch die sogenannten vollständigen Familien bilden keine fraglose Einheit mehr; die Kinder leben in einer eigenen Freizeitwelt, und die alte

Funktionstrennung – der Mann „hinaus ins feindliche Leben" und die Mutter zu Hause als Garantin der Gemütlichkeit – wird von den Frauen nicht länger akzeptiert.

Auch die erweiterten, quasifamiliären Formen der Gemütlichkeit entsprechen nicht mehr dem aktuellen Stand und Bild. Vereine sind zum Beispiel relativ nüchterne Dienstleistungsunternehmen geworden, von der Vereinsfamilie wird in diesen kaum mehr gesprochen. Wenn ausländische Reporter heute ihre deutschen Impressionen zusammenfassen wollen, dann werden sie kaum von Familienfeiern und Vereinsjubiläen und wohl nicht einmal vom bierseligen Oktoberfest berichten – sie werden eher das bunte Bild der Berliner Love Parade ausmalen: schrankenlose Geselligkeit auf Zeit und lautstarke Demonstration der Unverbindlichkeit, ein leicht verrücktes Arrangement, das provozierend die Normen des guten Geschmacks und auch die ‚deutschen Tugenden' in Frage stellt.

Die moderne Eventkultur, so scheint es, drängt alte Gemütlichkeiten ins Abseits. Mit anderen ‚deutschen' Stichwörtern und Leitwerten verhält es sich ähnlich: statt der Zufriedenheit in der Enge ständige Auf- und Ausbrüche, eine großzügige Handhabung von Raum und Zeit und auch von moralischen Prinzipien. Statt Naturbegeisterung das Vergnügen im künstlichen Erlebnispark. An Stelle strikt kontrollierter Ordnung ein lässiger Umgang mit geschriebenen und ungeschriebenen Vorschriften. Deutscher Ernst und Tiefsinn? Eher scheint zu gelten, daß sich die Deutschen – mit einem Buchtitel Neil Postmans gesprochen – „zu Tode amüsieren". Überall also Gegentendenzen zu dem, was lange Zeit als typisch galt, und oft wird die Diagnose gestellt, es lasse sich überhaupt keine klare Richtung mehr erkennen, sondern nichts als „Beliebigkeit". Vor einem solchen Hintergrund mag dieses Buch als reichlich kurioses Unternehmen erscheinen: Der Autor balanciert zwanzig Kapitel lang auf einem schon etwas morschen Ast, um ihn im letzten Kapitel selbst abzusägen.

Ich könnte einer solchen ironischen Komposition durchaus einen gewissen Reiz abgewinnen – aber sie entspricht nicht meiner Einschätzung und meinem Konzept. Ich bin der Ansicht, daß es sehr deutliche, wenn auch keineswegs starre Grenzen der Beliebigkeit gibt und daß die alten Prägungen die Richtung stärker bestimmen, als es sich an der Oberfläche abzeichnet. In den

Medien dominiert eine Art Frontberichterstattung, von der Konsumfront vor allem, aber auch von allen anderen Gebieten, auf denen Neues sichtbar wird; und auch die wissenschaftlichen Zeitdiagnosen konzentrieren sich oft ganz auf die neuen Trends. Aber hinter den Frontlinien erstreckt sich die große Etappe, keineswegs unberührt von innovativen Bewegungen, für deren Propagierung und Verbreitung ja einflußreiche Institutionen arbeiten, aber stets auch an ältere Vorgaben gebunden und keineswegs immer schrankenlos neugierig. Etwas schlichter und ziviler ausgedrückt: Die neuen Trends werden oft überschätzt, und es empfiehlt sich, vor weitreichenden Prognosen erst einmal genau hinzusehen.

Zum Beispiel die Ein-Personen-Haushalte: Der angegebene Prozentwert stimmt; aber man geht in die Irre, wenn man dabei nur an flotte Singles denkt, die sich bewußt für diese Lebensform entschieden haben, weil sie in ihren Streifzügen durch die Szene von niemandem behindert werden wollen. Die meisten Singles sind, wie die Sozialpsychologen festgestellt haben, schüchterner als ihre nicht-einspännigen Altersgenossen und -genossinnen, und viele betrachten das Alleinwohnen nur als eine Zwischenphase. Wichtiger noch: verwitwete, geschiedene und getrennt lebende Personen bilden mit 56 Prozent der Alleinstehenden eine deutliche Mehrheit. Unter ihnen sind sehr viel mehr Frauen als Männer (72 zu 28 Prozent!), großenteils sehr alte Frauen. Für die im Durchschnitt längere Lebenszeit der Frauen gibt es bis heute keine befriedigende medizinische Erklärung – vielleicht handelt es sich ja um ausgleichende Gerechtigkeit, denn viele Frauen gewinnen erst in dieser Phase größere Entscheidungsfreiheit, die allerdings oft durch schlechte finanzielle Verhältnisse eingeschränkt wird. Die vielgerühmte neue Familie mit den neuen Vätern und den emanzipierten Frauen ist jedenfalls immer noch mehr Wunschbild als Realität. Bei Umfragen erklären neun von zehn Frauen und immerhin drei Viertel aller Männer ihre Sympathie für Familien, in denen der Mann einer Frau regelmäßig bei der Hausarbeit hilft; aber wenn nach der tatsächlichen Mithilfe gefragt wird, ist nur noch die Hälfte der Männer dabei, obwohl schon der gelegentliche Einkauf als Hilfeleistung gewertet wird. Wie stark das alte Familienbild verankert ist, zeigt sich übrigens schon daran, daß nach der „Mithilfe" der Männer gefragt wird. Für einen radikaleren Wandel, wie er sich in den nordeuropäischen Ländern abzeichnet, gibt es wenig Anzeichen – am Erziehungsurlaub, der von beiden Geschlechtern in Anspruch genommen werden kann, sind die deutschen Männer beispielsweise nur mit weniger als zwei Prozent beteiligt.

Ein anderes Beispiel: die Vereine. Es gibt nach wie vor sehr viele kleinere Vereine, deren Mitglieder alle fest auf den Vereinszweck eingeschworen sind, diese Gemeinsamkeit aber auch darüber hinaus pflegen. Der Übergang zu einem komplexen Dienstleistungsbetrieb wurde nur in manchen Bereichen vollzogen, vor allem in den großen Sportvereinen, die heute Angebote in vielen Sparten machen. Hier aber hat sich die über den Vereinszweck hinausgehende Geselligkeit – und damit eine gewisse Gemütlichkeit – vielfach vom Gesamtverein auf die Sparten verlagert, und selbst in den Fitneßstudios spielt neben dem isolierten Umgang mit schweißtreibenden Apparaten auch die Kommunikation an der Gesundheitsbar eine wichtige Rolle. Die postmodernen Positionen müssen überall ein Stück zurückgenommen werden, wenn man sich nicht vom Neuigkeitswert blenden läßt.

Tourismus: Als erstes fällt der Blick auf Fernreisen mit wohldosierten Abenteuereffekten und auf den von Animateuren angeheizten Spaßbetrieb der Ferienclubs – aber die weniger auffälligen Formen des Urlaubs sind keineswegs verschwunden. Freizeitangebote: Der Name Walt Disney ist nicht nur mit wichtigen Teilen der Comic-Szene, mit Werbe- und Spielfilmen verbunden, seine Figuren bevölkern auch die großen Vergnügungsparks, auf die sofort der Blick fällt, wenn gefragt wird, was Familien am Wochenende unternehmen. In der Tat, dort versammeln sich Tausende; aber ihre Zahl ist klein gegenüber der Zahl derjenigen, die sich spazierend oder wandernd durch die freie Natur bewegen und keiner einzigen Mickymaus begegnen.

Es existieren also nach wie vor ausgedehnte Biotope, in denen deutsche Gemütlichkeit alten Stils zumindest möglich ist, und ganz allgemein gilt, daß den deutschen Eigenheiten nicht schlechterdings der Boden entzogen wurde. Das gilt auch deshalb, weil manche dieser Eigenheiten so anpassungsfähig sind, daß sie auch in einem ungewohnten Klima überleben. Bei der Untersuchung deutscher Wohnstile wurden bei einem Teil der Bevölkerung erhebliche Abweichungen von der engen, gepolsterten und verzierten Behaglichkeit festgestellt, für die in der Regel die Charakteristik „gemütlich" bereitsteht. Es gibt, vor allem in dem gehobenen Milieu, das man als technokratisch-liberal bezeichnet hat, funktional-elegante Wohnarrangements, bei denen die Kennzeichnung gemütlich nicht angebracht ist und übrigens die Eigentümer beleidigen würde. Auch im alternativen Milieu setzt man sich von der bürgerlichen, meist heißt es: kleinbürgerlichen Behaglichkeit bewußt ab – und landet doch oft bei Wohnformen, die traditionelle Stile nur geringfügig modifizieren. Dies hängt einmal mit dem Rückgriff auf alte, gebrauchte Möbel zusammen, zum andern aber damit, daß Gemütlichkeit durchaus akzeptiert wird, wenn sie sich von derjenigen der ‚Etablierten' unterscheidet – zum Beispiel dadurch, daß sie bodennäher plaziert wird, indem die Füße von Bettgestellen und Polstermöbeln entfernt werden.

Eine besondere Bewandtnis hat es mit ironischen Gemütlichkeitszitaten. Junge Leute postieren gelegentlich einen Gartenzwerg vor der Haustür und hängen das Bild eines röhrenden Hirschs an die Wand – obwohl und weil sie weit weg von naiver Kitschbegeisterung sind. Gerade diesen Abstand wollen sie demonstrieren; die Botschaft heißt: Wir können es uns leisten, diesen Witz zu machen, niemand wird uns mit dem Kitsch identifizieren. Das funktioniert im allgemeinen, doch drängt sich die Frage auf, ob Ironie als Dauerzustand möglich ist. Wer sich so beständig auf die Trashkultur einläßt, demonstriert damit nicht nur Distanz – Ironie vermittelt und legitimiert hier auch eine leichte Identifikation.

All diese Beobachtungen zielen nicht auf die Feststellung, es habe sich nichts geändert; sie sollen lediglich die Annahme korrigieren, es gebe nur noch Beliebigkeit. Zweifellos haben vor allem in der jüngeren Generation Einstellungen und Haltungen an Boden gewonnen, die im Gegensatz zu dem stehen, was sich ins Pauschalurteil „typisch deutsch" eingenistet hat. Viele junge Menschen sind mobil und risikofreudig, technisch versiert und konsumbesessen, leben heiter und lustbetont, suchen Selbstverwirklichung nicht in fernen Lebenszielen, sondern im aktuellen Arrangement. Das sind alles Charakterisierungen, die früher mit der Kennzeichnung „deutsch" kaum zu vereinbaren waren. Aber auch dies besagt nicht, daß die alten Charakteristika nur noch ins Archiv gehören: Junge Leute werden älter und rücken dann oft entschieden von Idealen und Attitüden ihrer Jugend ab. Wenn sich junge

Menschen – die ‚Generation Berlin', die ‚89er' – kritisch gegen die ‚Alt-68er' wenden, dann nicht nur deshalb, weil sie in ihrer lässig-pragmatischen Haltung mit den ideologischen Prinzipien von damals nichts mehr anfangen wollen, sondern auch deshalb, weil die 68er selbst diese Prinzipien nicht mehr glaubhaft vertreten: Beim „Marsch durch die Institutionen" haben sie viel ideologischen Ballast abgeworfen.

Außerdem zeigt sich immer wieder, daß eine Veränderung der äußeren gesellschaftlich-ökonomischen Bedingungen auch innere Einstellungen verändern kann. Die angespannte Lage auf dem deutschen Arbeitsmarkt hat beispielsweise dazu geführt, daß die alten Tugenden Disziplin, Ordnungsliebe, Fleiß und Pünktlichkeit wieder größer geschrieben werden. Als Elisabeth Noelle-Neumann durch ihre Umfragen in den siebziger Jahren erstmals Zeichen „der Arbeitsunlust, des Ausweichens vor Anstrengung und Risiko, eine Tendenz zu unmittelbarer Befriedigung statt langfristiger Zielspannung" registrierte, schrieb sie über diese Entwicklung unter dem Titel: ‚Werden wir alle Proletarier?' Das war nicht nur eine provokante, sondern auch eine recht problematische Formulierung – Proletarier konnten von allem Anfang an der Anstrengung gerade nicht ausweichen, und sie entwickelten relativ schnell ein eigenes Arbeitsethos. Aber die Formulierung ist geeignet, an die soziale Einbindung und damit die Relativität aller kollektiven Charakterisierungen zu erinnern. Das ‚typisch Deutsche' wurde und wird nie von allen Deutschen in gleichem Maß und in gleicher Stärke geprägt. Die meisten Akzente, die in den Kapiteln dieses Buchs gesetzt wurden, definieren das typisch Deutsche als Produkt und Ausdruck der bürgerlichen Gesellschaft. Die starke Strahlungskraft der bürgerlichen Kultur, die in leicht verminderter Dosis auch auf kleinbürgerliche und unterbürgerliche Schichten einwirkte, macht die Generalisierung plausibel: Die Hochschätzung von Ordnung, Fleiß, Sparsamkeit – um noch einmal diese zentralen Werte herauszugreifen – wurde allein schon durch Institutionen wie die Schule und das Militär fast allen eingeimpft.

Und heute? Es hat den Anschein, daß es sehr viel schwieriger geworden ist, zu allgemeinen Charakterisierungen zu kommen. Eine tragende Schicht ist nicht mehr erkennbar, die sozialen Verhältnisse sind insgesamt diffuser und unübersichtlicher geworden.

Es gibt höchst unterschiedliche Milieus, und die Zugehörigkeit zu ihnen ist nicht ein für allemal festgeschrieben. Alles, was unter das Stichwort „Pluralismus" fällt, erschwert eine einheitliche Einschätzung. Aber – eine paradoxe Wendung! – die Unübersichtlichkeit scheint das Bedürfnis zu verstärken, einige wenige stabile Generalnenner zu finden, und da bieten sich die traditionellen Charakterisierungen an. Man weiß zwar, daß es ‚die Deutschen' nicht gibt; aber das hindert nicht daran, sie für unbeweglich, naturliebend, geschichtsbeflissen, diszipliniert, ernst, tiefsinnig zu halten.

Um völlig ungedeckte Wechsel handelt es sich bei diesen Charakterisierungen nicht. Sie können sich nur halten, weil es immer wieder Indizien dafür gibt, daß sie nach wie vor reales Gewicht haben. Da sind zwar zweifellos Abweichungen, beträchtliche Abweichungen oft, aber sie werden in vielen Fällen kritisch registriert; mit einer gewissen Zuspitzung könnte man sagen, daß das typisch Deutsche am deutlichsten zum Ausdruck kommt im Tadel, in der Verurteilung solcher Abweichungen. Es trifft sicher zu, daß die Sauberkeit nicht mehr unbedingt ein Markenzeichen der deutschen Städte ist – und dies hängt nicht nur mit den vermehrten Emissionen durch Verkehr und Industrie und auch nicht nur mit dem Mangel an Reinigungspersonal zusammen, sondern auch mit der nachlässigeren Haltung vieler Bewohner und Bewohnerinnen. Aber das Problem ist nicht nur ein Dauerthema der Gemeinderäte, es wird auch immer wieder aufgegriffen in Leserbriefen, die dringend die Rückkehr zur alten Ordnung fordern. Und wenn in manchen Städten und Dörfern Bürgeraktionen zur Säuberung ausgerufen werden (in Stuttgart gab der Oberbürgermeister dazu die putzige Parole „Let's putz!" aus), dann sagt das einiges über den Stellenwert der traditionellen Normen aus.

Dieses Wechselspiel von auffälligen Normverstößen und nachdrücklichen Versuchen, die Norm zu befestigen, ist in vielen Bereichen zu beobachten. Noch ein Beispiel dafür: Die weitgehende Kommerzialisierung des Fernsehens hat auf fast allen Kanälen zu einer Absenkung des Niveaus geführt; und Teile des Publikums bewegen sich zappend im Slalom an allen seriöseren Angeboten (die es durchaus auch noch gibt) vorbei und sind ganz auf flache Unterhaltung und unverbindlichen Spaß abonniert. Ich füge hinzu: wie in anderen Ländern auch. Und wie in anderen Ländern auch gibt es warnende Stimmen gegen diese Tendenz. In Deutschland klingen diese Gegenstimmen aber oft etwas prinzipieller und wenden sich nicht nur gegen Seichtigkeit, sondern auch gegen Leichtigkeit. Es ist kein Zufall, daß Neil Postmans Buch ‚Death by Amusement‘, nachdem es 1989 in deutscher Übersetzung herauskam (‚Wir amüsieren uns zu Tode‘), nicht nur zum Bestseller, sondern auch mehrfach öffentlich belobigt wurde – sich zu Tode zu amüsieren gilt hier als besonders unschickliche Todesart. Dazu paßt, daß in Deutschland von Zeit zu Zeit nicht etwa nur besorgte Theologen und Pädagogen, sondern auch führende Politiker einen fernsehfreien Tag (im Jahr, im Monat, in der Woche …) vorschlagen, an dem sich der vom alltäglichen Unsinn deformierte Tiefsinn regenerieren soll.

Die starke Präsenz von Mahnern, Warnern, Tugendwächtern bedeutet freilich nicht, daß die Deutschen trotz mancher Ausbruchsversuche für alle Zeit zu den Charakterzügen verurteilt sind, die schon einige Zeit und noch immer als typisch bezeichnet werden. Neue Normen melden sich zuerst in der Form von Verstößen gegen die alten Normen. Ich schließe nicht aus, daß manches, was hier in der Gegenwartsform dargestellt wurde, im Begriff ist, Teil eines historischen Panoramas zu werden. Ausländische Beobachter registrieren in jüngster Zeit immer häufiger, daß die Deutschen ‚lockerer‘ geworden sind. Wahrscheinlich verstehen nicht ganz wenige Deutsche dies immer noch als Vorwurf – es ist aber als Lob gemeint. Und es dürfte nicht allzu riskant sein, die weitere Entwicklung eher in dieser Richtung zu erwarten als in einer Verfestigung der alten Eigentümlichkeiten. Was wiederum nicht heißen soll, daß aus den Deutschen ein Volk von Leichtfüßen und Spaßmachern wird.

Gibt es ein Ereignis, ein Bild, in dem sich die gegenwärtige Verfassung der Deutschen spiegelt? Nicht das Oktoberfest. Und auch nicht die Love Parade. Ich schlage, nicht ohne Optimismus, eine andere Szene vor: Frühsommer 1995 in Berlin. Nach monatelangen Kontroversen im Bundestag, in denen viel vom nationalen Erbe, von geschichtlicher Verpflichtung und von der Würde der Kunst die Rede war, hat es endlich grünes Licht gegeben für die Verhüllung des Reichstagsgebäudes, und jetzt ist der mächtige Bau von vielen Spezialisten und Helfern verpackt nach den Plänen von Jeanne-Claude und Javacheff Christo. Verschnürte Leinwandbahnen verdecken den schweren Baukörper, der Ende des 19. Jahrhunderts im historistischen Renaissancestil erbaut wurde. Gleichzeitig aber, ein paradoxer Effekt, sind das Gebäude und seine Geschichte gegenwärtiger als vorher – die Kaiserzeit mit ihrer überheblichen Neigung zum Monumentalen, das nicht wirklich akzeptierte Parlament der Weimarer Republik, die Brandstiftung im Februar 1933, die den Nationalsozialisten den Vorwand für unerbittliche politische Verfolgungen lieferte, die Zerstörung des erneuerten Bauwerks am Ende des Zweiten Weltkriegs, der Bedeutungsverlust in der geteilten Stadt. Aber die verfremdende Inszenierung nimmt der historischen Last die Schwere und signalisiert Hoffnung auf einen neuen Anfang. Tage- und nächtelang feiern die Menschen auf dem Platz der Republik – ohne Programm, ohne große Organisation und ohne daß jemand ausgeschlossen wäre. Das deutsche Volksfest ist ein internationales Ereignis: Die Künstler, eine gebürtige Französin und ein gebürtiger Bulgare, kommen aus New York, und auf dem Platz vor dem Reichstag lagern und flanieren zwischen den begeisterten Deutschen viele ausländische Gäste, verwundert manchmal, daß Deutsche so fröhlich und locker sein können. Typisch deutsch? Nicht unbedingt. Aber vielleicht: *noch* nicht.

V. Anhang

Literatur

Allgemeines

Gordon A. Craig: Über die Deutschen. München 1982

Norbert Elias: Studien über die Deutschen. Machtkämpfe und Habitusentwicklung im 19. und 20. Jahrhundert. Frankfurt/Main 1989

Johannes Gross: Die Deutschen. Frankfurt/Main. 1967

Willy Hellpach: Der deutsche Charakter. Bonn 1954

Rudolf Walter Leonhardt: X-mal Deutschland. München 1964

Paul Mog in Zusammenarbeit mit Hans-Joachim Althaus (Hg.): Die Deutschen in ihrer Welt. Tübinger Modell einer integrativen Landeskunde. Berlin etc. 1992

Elisabeth Noelle-Neumann, Renate Köcher: Die verletzte Nation. Über den Versuch der Deutschen, ihren Charakter zu ändern. Stuttgart 1987

Helge Pross: Was ist heute deutsch? Wertorientierungen in der Bundesrepublik. Reinbek 1982

Heleno Saña: Verstehen Sie Deutschland? Impressionen eines spanischen Intellektuellen. Frankfurt/Main, New York 1986

Alois Wierlacher, Georg Stötzel (Hgg.): Blickwinkel. Kulturelle Optik und interkulturelle Gegenstandskonstitution. München 1996

Allensbacher Jahrbuch der Demoskopie 1984–1992. München etc. 1993

Eurostat Jahrbuch '97. Europa im Blick der Statistik 1986–1996. Luxemburg 1997

Eurostat Jahrbuch '98/99. Luxemburg 1999

Statistisches Jahrbuch für die Bundesrepublik Deutschland 1999. Wiesbaden 1999

I. Sinn und Unsinn der Typisierung

Hermann Bausinger: Stereotypie und Wirklichkeit. In: Text & Kontext 24, Kopenhagen, München 1988, S. 36–49

Marc Fisher: Angst on the Autobahn. In: The Washington Post, 30. Oktober 1990

Brigitte Gayler (Hg.): Wie werden Deutsche im Ausland gesehen? Starnberg 1975

Helge Gerndt (Hg.): Stereotypvorstellungen im Alltagsleben. Beiträge zum Themenkreis Fremdbilder – Selbstbilder – Identität. München 1988

Valeria Heuberger, Arnold Suppan (Hgg.): Das Bild vom Anderen. Frankfurt/Main 1998

Peter R.Hofstätter: Einführung in die Sozialpsychologie. Stuttgart 1963

Rolf Lindner (Hg.): Die Wiederkehr des Regionalen. Über neue Formen kultureller Identität. Frankfurt/Main, New York 1994

Jósef Liszka: Wie bindet man eine Krawatte? In: AvH-Magazin 70, 1997, S. 79f.

Ludwig-Uhland-Institut für Empirische Kulturwissenschaft (Hg.): Fremde Deutsche. Alltagskultur aus der Sicht ausländischer Studierender. Tübingen 1986

Roland Mischke: Und überall Verkehrsschilder. In: Süddeutsche Zeitung 8./9. Aug. 1998

Robert Picht: Interesse und Vergleich: zur Sozialpsychologie des Deutschlandbilds. In: Jb. Deutsch als Fremdsprache 6, 1980, S. 120–132

Uta Quasthoff: Soziales Vorurteil und Kommunikation. Eine sprachwissenschaftliche Analyse des Stereotyps. Frankfurt/Main 1973

Kripal Singh Sodhi, Rudolf Bergius: Nationale Vorurteile. Berlin 1954

Kurt H. Stapf, Wolfgang Stroebe, Klaus Jonas: Amerikaner über Deutschland und die Deutschen. Urteile und Vorurteile. Opladen 1986

Hans-Georg Wehling u.a.: Regionale politische Kultur. Stuttgart etc. 1985

II. Nationale Eigenheiten auf dem Prüfstand

Nationalspeisen – Anmerkungen zum Essen und Trinken

Hartmut Heller: Wein oder Bier? Volksgetränke vor dem Hintergrund wechselhafter Produktions- und Nachfragebedingungen. In: Otto Koenig 70 Jahre. Kulturwissenschaftliche Beiträge zur Verhaltensforschung. Wien, Heidelberg 1984, S. 285–297

Konrad Köstlin: Der Eintopf der Deutschen. Das Zusammengekochte als Kultessen. In: Utz Jeggle u.a. (Hgg.): Tübinger Beiträge zur Volkskultur. Tübingen 1986, S. 220–241

Claus-Dieter Rath: Reste der Tafelrunde. Das Abenteuer der Eßkultur. Reinbek 1984

Karl Friedrich von Rumohr: Geist der Kochkunst. Frankfurt/Main 1978 (1822)

Hans-Jürgen Teuteberg, Günter Wiegelmann: Unsere tägliche Kost. Geschichte und regionale Prägung. Münster 1986

Günter Wiegelmann: Alltags- und Festspeisen. Wandel und gegenwärtige Stellung. Marburg 1967

Alois Wierlacher: Vom Essen in der deutschen Literatur. Mahlzeiten in Erzähltexten von Goethe bis Grass. Stuttgart etc. 1987

Eng und wohl

Michael Andritzky, Gert Selle (Hgg.): Lernbereich Wohnen. Didaktisches Sachbuch zur Wohnumwelt vom Kinderzimmer bis zur Stadt. 2 Bde., Reinbek 1979

Hermann Bausinger: Räumliche Orientierung. In: Nils-Arvid Bringeus u. a. (Hgg.): Wandel der Volkskultur in Europa. Münster 1988, Bd. 1, S. 43–52

Hermann Glaser: Kleinstadt-Ideologie. Zwischen Furchenglück und Sphärenflug. Freiburg i. Br. 1969

Edward T. Hall, Mildred Reed Hall: Hidden Differences. Hamburg 1983

Edward T. Hall, Mildred Reed Hall: Verborgene Signale. Hamburg 1983

Jack McIver Weatherford: Deutsche Kultur, amerikanisch betrachtet. In: Tintenfisch 15. Thema Deutschland. Berlin 1978, S. 82–94

Oskar Negt: Blick zurück nach vorn. Brüder Grimm: Der Wolf und die sieben Geißlein. In: Freibeuter 5, 1980, S. 117–125

Seßhaftigkeit und Reiselust

Hermann Bausinger, Klaus Beyrer, Gottfried Korff (Hgg.): Reisekultur. Von der Pilgerfahrt zum modernen Tourismus. München 1991

Bundeszentrale für politische Bildung (Hg.): Heimat. Analysen, Themen, Perspektiven. Bonn 1990

Alan Dundes: Life is like a chicken coop ladder. New York 1984 (deutsch: Sie mich auch! Das Hintergründige in der deutschen Psyche. Weinheim, Basel 1985)

Gert Raeithel: Antiamerikanismus als Funktion unterschiedlicher Objektbeziehungen. In: Englisch-Amerikanische Studien 6, 1984, S. 8–21

Stiftung Haus der Geschichte der Bundesrepublik Deutschland (Hg.): Endlich Urlaub: die Deutschen reisen. Köln 1996

Es geht nichts über die Gemütlichkeit

Jürgen Habermas: Strukturwandel der Öffentlichkeit. 3. Aufl., Neuwied, Berlin 1968

Karin Hausen: Die Polarisierung der „Geschlechtscharaktere". In: Werner Conze (Hg.): Sozialgeschichte der Familie in der Neuzeit Europas. Stuttgart 1976, S. 363–393

Utz Jeggle: Schöne Bescherung. In: Allmende 1, 1981, S. 1–23

Herlinde Koelbl, Manfred Sack: Das deutsche Wohnzimmer. München, Luzern 1980

Heidi Rosenbaum: Formen der Familie. 7. Aufl., Frankfurt/Main 1996

Richard Sennett: Verfall und Ende des öffentlichen Lebens. Die Tyrannei der Intimität. Frankfurt/Main 1986

Margret Tränkle: Wohnkultur und Wohnweisen. Tübingen 1972

Martin Warnke: Zur Situation der Couchecke. In: Jürgen Habermas (Hg.): Stichworte zur „Geistigen Situation der Zeit". Bd. 2, Frankfurt/Main 1979, S. 673–687

Ingeborg Weber-Kellermann: Saure Wochen, Frohe Feste. Fest und Alltag in der Sprache der Bräuche. München, Luzern 1985

Drei Deutsche: ein Verein

Otto Dann (Hg.): Vereinswesen und bürgerliche Gesellschaft in Deutschland. München 1984

Helmut Digel (Hg.): Sport im Verein und im Verband. Schorndorf 1988

Otto Elben: Der volksthümliche deutsche Männergesang. Geschichte und Stellung im Leben der Nation. 2. Aufl., Tübingen 1887

Hans-Friedrich Foltin, Dieter Kramer (Hgg.): Vereinsforschung. Hessische Blätter für Volkskunde 16. Gießen 1984

Herbert Freudenthal: Vereine in Hamburg. Ein Beitrag zur Geschichte und Volkskunde der Geselligkeit. Hamburg 1968

Christel Köhle-Hezinger: Gemeinde und Verein. In: Rheinisches Jb. f. Volkskunde 22, 1978, S. 181–202

Michael Krüger: Leibeserziehung im 19. Jahrhundert. Turnen fürs Vaterland. Schorndorf 1993

Erich Reigrotzki: Soziale Verflechtungen in der Bundesrepublik. Elemente der sozialen Teilnahme in Kirche, Politik, Organisationen und Freizeit. Tübingen 1956

Annette Zimmer (Hg.): Vereine heute – zwischen Tradition und Innovation. Ein Beitrag zur Dritten-Sektor-Forschung. Basel etc. 1992

Natur und Geschichte

Hermann Bausinger: Volkskultur in der technischen Welt. 2. Aufl., Frankfurt/Main, New York 1986

Gitta Böth, Gaby Mentges (Hgg.): Sich kleiden. Marburg 1989

Wolfgang Brückner: Trachtenfolklorismus. In: Utz Jeggle u. a. (Hgg.): Volkskultur in der Moderne. Reinbek 1986, S. 363–382

Gudrun König: Eine Kulturgeschichte des Spazierganges. Spuren einer bürgerlichen Praktik 1780–1850. Wien etc. 1996

Albrecht Lehmann: Von Menschen und Bäumen. Die Deutschen und ihr Wald. Reinbek 1999

Regina Römhild: Histourismus. Fremdenverkehr und lokale Selbstbehauptung. Frankfurt/Main 1990

Martin Scharfe: Geschichtlichkeit. In: Hermann Bausinger u. a. (Hgg.): Grundzüge der Volkskunde, 4. Aufl., Darmstadt 1999, S. 127–203

Heinz Schmitt: Volkstracht in Baden. Ihre Rolle in Kunst, Staat, Wirtschaft und Gesellschaft seit zwei Jahrhunderten. Karlsruhe 1988

Friedemann Schmoll: Schau und Anschauung. Aussichtstürme als Landschaftsbauwerke und nationale Denkmäler. In: Schwäbische Heimat 42, 1991, S. 353–360

Ordnung ist das halbe Leben

Wolfgang Brückner: „Arbeit macht frei". Herkunft und Hintergrund der KZ-Devise. Opladen 1998

Norbert Elias: Über den Prozeß der Zivilisation. Soziogenetische und psychogenetische Untersuchungen. 2 Bde., Frankfurt/Main 1976

Hellmut G. Haasis (Hg.): Johann Benjamin Erhard. Über das Recht des Volks zu einer Revolution und andere Schriften. München 1970

Utz Jeggle: Alltag. In: Hermann Bausinger u. a. (Hgg.): Grundzüge der Volkskunde. 4. Aufl., Darmstadt 1999, S. 81–126

Sang-Hyum Lee: Der deutsche Schäferhund und seine Besitzer. Zur Entwicklungs- und Bedeutungsgeschichte eines nationalen Symbols. Diss. Tübingen 1997

Paul Münch (Hg.): Ordnung, Fleiß und Sparsamkeit. Texte und Dokumente zur Entstehung der „bürgerlichen Tugenden". München 1984

Paul Münch (Hg.): Tiere und Menschen. Geschichte und Aktualität eines prekären Verhältnisses. Paderborn etc. 1998

Hubert Treiber, Heinz Steinert: Die Fabrikation des zuverlässigen Menschen. Über die „Wahlverwandtschaft" von Kloster- und Fabrikdisziplin. München 1980

Verstehen sie Spaß?

Hermann Bausinger: Der Witz der Sprache. Marburg 1994

Louis Bosshart, Wolfgang Hoffmann-Riem (Hgg.): Medienlust und Mediennutz. Unterhaltung als öffentliche Kommunikation. München 1994

Wilhelm Fraenger (Hg.): Deutscher Humor aus fünf Jahrhunderten. Berlin o.J. (1929)

Hans-Dieter Gelfert: Typisch englisch. Wie die Briten wurden, was sie sind. München 1995

Hans-Dieter Gelfert: Max und Monty. Kleine Geschichte des deutschen und englischen Humors. München 1998

Michael Lentz u.a.: Ganz Deutschland lacht! Fünfzig deutsche Jahre im Spiegel ihrer Witze. München 1999

Kaspar Maase: Grenzenloses Vergnügen. Der Aufstieg der Massenkultur 1850–1970. Frankfurt/Main 1997

Lutz Röhrich: Der Witz. Figuren, Formen und Funktionen. Stuttgart 1977

Brigitte Sauzay: Retour à Berlin. Ein deutsches Tagebuch. Berlin 1999

Herbert Schöffler: Kleine Geographie des deutschen Witzes. Göttingen 1955

Mary Lee Townsend: Humor und Öffentlichkeit im Deutschland des 19. Jahrhunderts. In: Jan Bremmer, Herman Roodenburg (Hgg.): Kulturgeschichte des Humors. Von der Antike bis heute. Darmstadt 1999, S. 149–166

Thomas Vogel (Hg.): Vom Lachen. Einem Phänomen auf der Spur. Tübingen 1992

III. Symbole und Symbolgestalten

Deutsche Farben, deutsche Hymnen

Rolf W. Brednich u.a. (Hgg.): Handbuch des Volksliedes. 2 Bde. München 1973, 1975

Ernst M. Frank (Hg.): Deutsche Heimatlieder. Texte und Melodien. München 1985

Wolfgang Minaty: Rambos am Rhein. Der Sängerkrieg zwischen Deutschland und Frankreich im 19. Jahrhundert. In: Süddeutsche Zeitung, 25./26. Januar 1997

Kurt Oesterle: Die heimliche deutsche Hymne. In: Schwäbisches Tagblatt, 15. November 1997

Jürgen Reulecke: Männerleid im Männerlied. Anmerkungen zum „Bündischen" in der Weimarer Republik. In: Siegener Universitätsreden 16, 1999, S. 21–33

Hans-Peter Schwarz (Hg.): Adenauer und die Hohen Kommissare 1949–1951. München 1989

Erinnerte Geschichte

Dieter Düding u.a. (Hgg.): Öffentliche Festkultur. Politische Feste in Deutschland von der Aufklärung bis zum Ersten Weltkrieg. Reinbek 1988

Hermann Glaser: Spießer-Ideologie. Von der Zerstörung des deutschen Geistes im 19. und 20. Jahrhundert. Freiburg i. Br. 1964

Reinhold Grimm, Jost Hermand (Hgg.): Deutsche Feiern. Wiesbaden 1977

Wilhelm Hansen: Nationaldenkmäler und Nationalfeste im 19. Jahrhundert. Braunschweig 1976

Wolfgang Kaschuba: Nationalismus und Ethnozentrismus. In: Michael Jeismann, Henning Ritter (Hgg.): Grenzfälle. Über neuen und alten Nationalismus. Leipzig 1993, S. 239–273

Hans Jürgen Koch (Hg.): Wallfahrtsstätten der Nation. Frankfurt/Main 1986

Gottfried Korff, Martin Roth (Hgg.): Das historische Museum. Labor, Schaubühne, Identitätsfabrik. Frankfurt/Main 1990

Dieter Langewiesche: 1848 und 1918 – zwei deutsche Revolutionen. Bonn 1998

Jürgen Link, Wulf Wülfing (Hgg.): Nationale Mythen und Symbole in der zweiten Hälfte des 19. Jahrhunderts. Stuttgart 1991

Hermann Lübbe: Die Aufdringlichkeit der Geschichte. Herausforderungen der Moderne vom Historismus bis zum Nationalsozialismus. Graz etc. 1989

Rainer Noltenius: Dichterfeiern in Deutschland. Rezeptionsgeschichte als Sozialgeschichte am Beispiel der Schiller- und Freiligrath-Feiern. München 1984

Friedemann Schmoll: Verewigte Nation. Studien zur Erinnerungskultur von Reich und Einzelstaat im württembergischen Denkmalkult des 19. Jahrhunderts. Tübingen etc. 1995

Klaus von See: Deutsche Germanen-Ideologie. Vom Humanismus bis zur Gegenwart. Frankfurt/Main 1970

Ludwig Thoma: Die Reden Kaiser Wilhelms II. und andere zeitkritische Stücke. München 1965

Bernd Jürgen Warneken: Populare Autobiographik. Empirische Studien zu einer Quellengattung der Alltagsgeschichtsforschung. Tübingen 1985

Edgar Wolfrum: Geschichtspolitik in der Bundesrepublik Deutschland. Der Weg zur bundesrepublikanischen Erinnerung 1948–1990. Darmstadt 1999

Wulf Wülfing u.a.: Historische Mythologie der Deutschen 1798–1918. München 1990

Wenn der Michel aufwacht

Hermann Bausinger: Aschenputtel. Zum Problem der Märchensymbolik. In: Wilhelm Laiblin (Hg.): Märchenforschung und Tiefenpsychologie. Darmstadt 1969, S. 284–298

Christel Köhle-Hezinger, Adelhart Zippelius: „Da ist der Michel aufgewacht und hat sie auf den Schub gebracht". In: Zs. f. Volkskunde 84, 1988, S. 58–84

Bernard Nuss: Das Faust-Syndrom. Ein Versuch über die Mentalität der Deutschen. Bonn, Berlin 1993

Karl Riha: Der deutsche Michel. Zur Ausprägung einer nationalen Allegorie im 19. Jahrhundert. In: Jürgen Link, Wulf Wülfing (Hgg.): Nationale Mythen und Symbole. Stuttgart 1991, S. 146–171

Rudolf Schlichter: Die Verteidigung des Panoptikums. Berlin 1995

Tomasz Szarota: Der deutsche Michel. Die Geschichte eines nationalen Symbols und Autostereotyps. Osnabrück 1998

Deutsche Landschaften

Hermann Bausinger: Regional and National Orientations in Nineteenth-Century Tourism. In: Heinz-Günter Haupt u. a. (Hgg.): Regional and National Identities in Europe in the 19th and 20th Centuries. Den Haag 1998, S. 25–66

Peter J. Brenner: Der Reisebericht in der deutschen Literatur. Tübingen 1990

James Buzard: The Beaten Track. European Tourism, Literature and the Ways to Culture, 1800–1918. Oxford 1993

Alan Confino: The Nation as a Local Metaphor: Heimat, National Memory and the German Empire. In: History and Memory 5, 1993, S. 42–86

Lars Gustafsson: Die Allemande. In: Tintenfisch 15. Thema Deutschland. Berlin 1978, S. 73–81

Jost Hermand: Die touristische Erschließung und Nationalisierung des Harzes im 18. Jahrhundert. In: Wolfgang Griep, Hans-Wolf Jäger (Hgg.): Reise und soziale Realität am Ende des 18. Jahrhunderts. Heidelberg 1983, S. 169–187

Herrn Grafs Rheinreisetagebuch. In: Fliegende Blätter, 33. Bd., 1860, Nr. 792 und 34. Bd., 1861, Nr. 834

Friedrich Ludwig Jahn: Deutsches Volksthum. Hildesheim, New York 1980 (1813)

Michael Kamp: Baufolklorismus in Rothenburg ob der Tauber in der wilhelminischen Zeit. In: Jahrbuch für Hausforschung 38, 1989: Hausbau im 19. Jahrhundert, S. 169–192

Heinrich August Ottokar Reichard: Der Passagier auf der Reise in Deutschland. Weimar 1801

IV. Typisch deutsch - ein Auslaufmodell ?

Sind wir ein Volk ?

Daphne Berdahl: Where the World Ended. Re-Unification and Identity in the German Borderland. Berkeley etc. 1999

Wolf Biermann: Paradies uff Erden. Köln etc. 1999

Sabine Diemer: Reisen zwischen politischem Anspruch und Vergnügen. DDR-Bürgerinnen und -Bürger unterwegs. In: Stiftung Haus der Geschichte der Bundesrepublik Deutschland (Hg.): Endlich Urlaub: die Deutschen reisen. Köln 1996, S. 83–92

Marc Howard: Die Ethnisierung der Ostdeutschen. In: Freitag, 16. Oktober 1998

Hans Joas, Martin Kohli (Hgg.): Der Zusammenbruch der DDR. Soziologische Analysen. Frankfurt/Main 1993

Wolfgang Kaschuba, Ute Mohrmann (Hgg.): Blickwechsel Ost-West. Tübingen 1992

Gottfried Korff: Spione, Hütchenspiele und Bananen. Alltags-Symbole und -Metaphern im Prozeß der kulturellen Integration von Ost- und Westdeutschland. In: Zs. f. Volkskunde 91, 1995, S. 248–264

Irina Liebmann: Schäbiges Schlaraffenland. In: Das Sonntagsblatt, 5. April 1996, S. 33–35

Ludwig-Uhland-Institut für Empirische Kulturwissenschaft: Spiegelbilder. Was West- und Ostdeutsche übereinander erzählen. Tübingen 1995

Ina Merkel: Utopie und Bedürfnis. Die Geschichte der Konsumkultur in der DDR. Köln etc. 1999

Ute Mohrmann: Festhalten am Brauch. Jugendweihe vor und nach der „Wende". In: Wolfgang Kaschuba u. a. (Hgg.): Alltagskultur im Umbruch. Weimar etc. 1996, S. 197–213

Elisabeth Noelle-Neumann: Demoskopische Geschichtsstunde. Vom Wartesaal der Geschichte zur Deutschen Einheit. Zürich, Osnabrück 1991

Thomas Rosenlöcher: Ostgezeter. Beiträge zur Schimpfkultur. Frankfurt/Main 1997

Martin Walser: Über Deutschland reden. In: Die Zeit, 4. November 1988

Fremde Deutsche

Klaus J. Bade u. a.: Das Manifest der 60. Deutschland und die Einwanderung. München 1994

Klaus J. Bade (Hg.): Deutsche im Ausland – Fremde in Deutschland: Migration in Geschichte und Gegenwart. 3. Aufl., München 1993

Hans-Peter Baumeister (Hg.): Integration von Aussiedlern. Eine Herausforderung für die Weiterbildung. Weinheim 1991

Hermann Bausinger (Hg.): Ausländer – Inländer. Arbeitsmigration und kulturelle Identität. Tübingen 1986

Beauftragte der Bundesregierung für Ausländerfragen: Integration. Grundvoraussetzung ohne Alternative. Bonn 1998

Beauftragte der Bundesregierung für Ausländerfragen (Hg.): Daten und Fakten zur Ausländersituation. Bonn 1999

Uli Bielefeld (Hg.): Das Eigene und das Fremde. Neuer Rassismus in der alten Welt? 2. Aufl., Hamburg 1992

Micha Brumlik, Hauke Brunkhorst (Hgg.): Gemeinschaft und Gerechtigkeit. Frankfurt/Main 1995

Daniel Cohn-Bendit, Thomas Schmid: Heimat Babylon. Das Wagnis der multikulturellen Demokratie. Hamburg 1992

Josef Eckert, Mechtilde Kißler: Multikultur und ethnische Vielfalt. In: Soziale Welt 43, 1992, S. 462–475

Friedrich Heckmann: Ethnische Minderheiten, Volk und Nation. Soziologie interethnischer Beziehungen. Stuttgart 1992

Claus Leggewie: Multikulti. Spielregeln für die Vielvölkerrepublik. Berlin 1990

Nora Räthzel: Gegenbilder. Nationale Identität durch Konstruktion des Anderen. Opladen 1997

Georgios Tsiakalos: Ausländerfeindlichkeit: Tatsachen und Erklärungsversuche. München 1983

Im weltweiten Netz

Hermann Bausinger: Jenseits des Eigensinns: Kulturelle Nivellierung als Chance? In: Wolfgang Kaschuba (Hg.): Kulturen – Identitäten – Diskurse. Perspektiven Europäischer Ethnologie. Berlin 1995, S. 229–245

Ute Bechdolf u.a. (Hgg.): Watching Europe. A Media and Cultural Studies Reader. Amsterdam, Tübingen 1993

Ulrich Beck: Was ist Globalisierung? Frankfurt/Main 1997

Bettina Brömme, Thomas Endl (Hgg.): Ein Herz und eine Serie. Leipzig 1999

Ulf Hannerz: Cultural Complexity. Studies in the Social Organization of Meaning. New York 1992

Wolfgang Kaschuba (Hg.): Kulturen – Identitäten – Diskurse. Perspektiven Europäischer Ethnologie. Berlin 1995

Thomas Meyer: Identitäts-Wahn. Die Politisierung des kulturellen Unterschieds. Berlin 1997

Manfred Prisching: Zwischen Heimat und Welt. Die Vielfalt der Identitäten. In: M. Prisching (Hg.): Identität und Nachbarschaft. Die Vielfalt der Alpen-Adria-Länder. Wien etc. 1994, S. 353–403

George Ritzer: The McDonaldization of Society. An Investigation into the Changing of Contemporary Social Life. London 1995

Patrick Rössler (Hg.): Online-Kommunikation. Beiträge zu Nutzung und Wirkung. Opladen, Wiesbaden 1998

Barry Smart (Hg.): Resisting McDonaldization. London 1999

Gisela Welz: Inszenierungen kultureller Vielfalt. Frankfurt am Main und New York City. Berlin 1996

Grenzen der Beliebigkeit

Ulrich Beck: Risikogesellschaft. Auf dem Weg in eine andere Moderne. Frankfurt/Main 1986

Peter A. Berger, Michael Vester (Hgg.): Alte Ungleichheiten, neue Spaltungen. Opladen 1998

Heinz Bude: Die ironische Nation. Soziologie als Zeitdiagnose. Hamburg 1999

Ronald Inglehart: The Silent Revolution. Changing Values and Political Styles. Princeton 1977

Ronald Inglehart: Modernisierung und Postmodernisierung. Kultureller, wirtschaftlicher und politischer Wandel in 43 Gesellschaften. Frankfurt/Main, New York 1998

Thomas Klein: Pluralisierung versus Umstrukturierung am Beispiel partnerschaftlicher Lebensformen. In: Kölner Zs. f. Soziologie und Sozialpsychologie 51, 1999, S. 469–490

Helmut Klages: Wertdynamik. Über die Wandelbarkeit des Selbstverständlichen. Osnabrück 1988

Stefanie Krug: Freistellung als Weichenstellung. Blinde Flecken in der Diskussion um den ‚Erziehungsurlaub'. In: Gesellschaft für Informationstechnologie und Pädagogik (Hg.): Beschäftigungsrisiko Erziehungsurlaub. Opladen, Wiesbaden 1998, S. 117–132

Hartmut Lüdtke: Expressive Ungleichheit: zur Soziologie der Lebensstile. Opladen 1989

Franz J. Neyer: Die Persönlichkeit junger Erwachsener in verschiedenen Lebensformen. In: Kölner Zs. f. Soziologie und Sozialpsychologie 51, 1999, S. 491–508

Franziska Roller: Abba, Barbie, Cordsamthosen. Ein Wegweiser zum prima Geschmack. Leipzig 1997

David Schoenbaum, Elizabeth Pond: Annäherung an Deutschland. Die Strapazen der Normalität. Stuttgart 1997

Gerhard Schulze: Die Erlebnisgesellschaft. Kultursoziologie der Gegenwart. Frankfurt/Main, New York 1992

Stiftung Haus der Geschichte der Bundesrepublik Deutschland (Hg.): Krauts – Fritz – Piefkes …? Deutschland von außen. Bonn 1999

Herbert Willems, Martin Junga (Hgg.): Inszenierungsgesellschaft. Ein einführendes Handbuch. Opladen, Wiesbaden 1998

Register